陈广猛　主编
以色列研究经典译丛

以色列教育

多元文化社会中的教育创业

Educating Israel

Educational Entrepreneurship
in Israel's Multicultural Society

［以］耶胡达·巴-沙洛姆　著　施歆文　鲜非霏　译

南京大学出版社

First published in English under the title
Educating Israel: Educational Entrepreneurship in Israel's Multicultural Society
by Y. Shalom, edition: 1
Copyright © Palgrave Macmillan, a division of Nature America Inc., 2006
This edition has been translated and published under licence from Springer Nature America, Inc..
Springer Nature America, Inc. takes no responsibility and shall not be made liable for the accuracy of the translation.

江苏省版权局著作权合同登记　图字:10-2023-356 号

图书在版编目(CIP)数据

以色列教育:多元文化社会中的教育创业 /(以)耶胡达·巴-沙洛姆著;施歆文,鲜非霏译. —— 南京:南京大学出版社,2024.2
(以色列研究经典译丛 / 陈广猛主编)
书名原文:Educating Israel:Educational Entrepreneurship in Israel's Multicultural Society
ISBN 978-7-305-27189-2

Ⅰ.①以… Ⅱ.①耶… ②施… ③鲜… Ⅲ.①教育事业—研究—以色列 Ⅳ.①G538.2

中国国家版本馆 CIP 数据核字(2023)第 133532 号

出版发行　南京大学出版社
社　　址　南京市汉口路 22 号　　邮　编　210093
丛 书 名　以色列研究经典译丛
丛书主编　陈广猛
书　　名　**以色列教育:多元文化社会中的教育创业**
　　　　　YISELIE JIAOYU DUOYUAN WENHUA SHEHUI ZHONG DE JIAOYU CHUANGYE
著　　者　[以]耶胡达·巴-沙洛姆(Yehuda Bar Shalom)
译　　者　施歆文　鲜非霏
责任编辑　官欣欣
照　　排　南京南琳图文制作有限公司
印　　刷　南京爱德印刷有限公司
开　　本　635 mm×965 mm　1/16　印张 13　字数 170 千
版　　次　2024 年 2 月第 1 版　2024 年 2 月第 1 次印刷
ISBN 978-7-305-27189-2
定　　价　82.00 元

网　址:http://www.njupco.com
官方微博:http://weibo.com/njupco
官方微信号:njupress
销售咨询热线:(025) 83594756

* 版权所有,侵权必究
* 凡购买南大版图书,如有印装质量问题,请与所购
  图书销售部门联系调换

总　序

近年来，国内掀起了一股"国别和区域"类图书出版的潮流，尤其是 2013 年"一带一路"倡议推出后，相关著作的需求快速增长，图书市场也呈现出一片繁荣的景象。但现有的"国别与区域"类书籍，在研究对象的分布上存在着明显的"冷热不均"：关于传统大国和地区如美国、俄罗斯、日本、欧洲等书籍较多，而中小国家如瑞士、肯尼亚、以色列等图书较少。同时，已有的"国别和区域"类图书，多是对相关国家和地区的简单介绍，缺乏较有深度的研究成果。虽然也出版了一些国外学者的学术译著，但较为零散，不成体系，难以构成对研究对象国和地区的全面深入了解。

"以色列研究经典译丛"聚焦当今世界最神秘的国家之一——以色列，通过译介有关该国最新、最权威的研究成果，包括以色列政治、经济、外交、军事、法律、语言、电影、音乐、教育、文化等各方面著作，以加强国内对以色列和中东地区的认知，提高该领域的研究水平。此类译著丛书的出版，目前在国内还是首创，也是中国的国别和区域研究发展到一定阶段的产物。虽然关于美国、俄罗斯、日本、欧盟等国家和地区的全方位译丛已有先例，但对于像以色列这样的规模不大、具有鲜明特色和战略重要性国家的系统性研究译丛尚不多见，这也是本套丛书的特色和亮点。

在译介对象的选择上，译丛的选择标准是最新、最权威。与历史研究和文学研究不同,国别和区域研究的时效性较强。一个国家和地区的形势,每隔几年就会有较大的变化,因而在译介对象的选择上,我们尽量选择目前这个领域最新的研究成果。但"新"不是唯一标准,同时还要讲求权威性,我们力求在全球范围内选择相关领域最具权威性学者的著作。如果两者不可兼得,我们也试图寻求一种平衡,争取做到,"凡我所选,皆为精品"。最终,第一批入选的著作有巴里·鲁宾的《以色列导论》(Barry Rubin, *Israel: An Introduction*);格利高里·马勒尔的《以色列政府与政治》(Gregory S. Mahler, *Politics and Government in Israel*);保罗·里夫林的《以色列经济:从建国到21世纪》(Paul Rivlin, *The Israeli Economy from the Foundation of the State through the 21st Century*);伊曼纽尔·纳文的《以色列外交史》(Emmanuel Navon, *The Star and the Scepter: A Diplomatic History of Israel*, Jewish Publication Society);耶胡达·沙洛姆的《以色列教育:多元文化社会中的创业精神》(Yehuda Bar Shalom, *Educating Israel: Educational Entrepreneurship in Israel's Multicultural Society*);伯纳德·斯波斯基和艾拉娜·肖哈米的《以色列语言》(Bernard Spolsky & Elana Shohamy, *The Languages of Israel: Policy, Ideology and Practice*);莫蒂·雷格夫和埃德温·赛罗西的《以色列流行音乐》(Motti Regev & Edwin Seroussi, *Popular Music and National Culture in Israel*);伊兰·卡普兰的《以色列电影:历史与思想》(Eran Kaplan, *Projecting the Nation: History and Ideology on the Israeli Screen*);纳拉·阿布多的《以色列女性》(Nahla Abdo, *Women in Israel: Race, Gender and Citizenship*)等研究力作。

译事难哉。高水平的译著,除了对于翻译对象的高标准选择之外,对于译者的选择,也是决定最终译作水准的关键因素。幸运的是,译丛的译者多来自四川外国语大学以色列研究科研创新团队。由于外语院校本身的特点，我们的译者多数是英语专业出身，具有较高的语言能力。同时，由于团队长期从事以色列相关的研究活动，成员多具有去以色列或中东国家访学调研的经历。我们力图在专业水平、英语水平之间寻找到一个最佳的结合点，为每本著作找到最合适的译者。

这里还要特别提及译丛的策划者和组织者——教育部国别与区域研究（备案）四川外国语大学以色列研究中心。川外以色列研究中心成立于2011年6月，是国内大学中首家从事"以色列研究"的专门机构，宗旨是整合校内外各种资源和力量，积极开展对以色列政治、经济、社会等问题的深入研究，争取以有特色的科研成果为社会服务，发展成为西南地区乃至全国知名的高校智库。自成立以来，中心在学术研究和对外交流方面发展迅速，2017年5月，中心获批成为教育部国别与区域研究备案中心。"以色列研究经典译丛"正是中心的标志性成果之一。

感谢南京大学出版社有这样的眼光和魄力，愿意支持对以色列这样一个小国研究成果的全方位译介。2022年，是中国和以色列建交30周年，希望译丛的出版，能够为中以两国的文化交流做出些微的贡献。

陈广猛
2021 年 12 月 20 日于重庆

目　录

引　言 ·· 1

第一章　内夫沙洛姆（Neve Shalom）
　　　　／瓦哈特·萨拉姆（Wahat Al-Salam） ················ 14

第二章　比亚利克学校（Bialik School） ························ 56

第三章　科谢特学校（Keshet School） ·························· 88

第四章　科德玛学校（Kedma School） ························ 115

第五章　哈代拉的民主学校
　　　　（The Democratic School in Hadera） ··············· 139

第六章　比较和结论 ··· 154

注　释 ·· 174

参考文献 ·· 184

索　引 ·· 196

引　言

以色列国成立于 1948 年。在很大程度上,以色列文化仍处于形成的过程中,它提供了一个迷人的生活实验室,身处其中可以洞察人类在一个正在发展其身份和寻求目标的社会中的适应能力。

以色列社会尚未产生一种以明确和共同的神话故事为基础的团结精神。新兴的行为模式从多元主义和多元文化主义,正向发展为分裂和宗派主义,逆向发展为统一叙事缺失的可能性。[1] 政治、社会和文化问题达成决定的需要迫使以色列社会意识到做出此类决定的方式,以色列国内不同社区之间不断发展的关系将明显影响做出这些决定的方式和质量。

以色列社会的特点是多元文化,这导致了裂痕的出现。这个社会最突出的问题是:

- 阿拉伯人和犹太人之间的冲突
- 宗教犹太人和世俗犹太人之间的冲突
- 宗教与民主之间的紧张关系
- 移民劳工及其融入以色列社会的问题
- 犹太人口内部的族群分布

在以色列教育体系内,有几个体系制度承担了解决其中一些冲突的任务,教育体系的教育思想意识为教育体系的存在及其解决问题的方式提供了基础和理由。以色列国内的几种学校以独特的思想方法处理这些问题:

- 内夫沙洛姆(Neve Shalom)的小学鼓励和培养阿拉伯人和犹太人之间的和谐共存；
- 特拉维夫的比亚利克(Bialik)学校为移民劳工的子女发展了合适的教育；
- 科谢特(Keshet)学校，其指导思想是世俗犹太人与宗教犹太人的对话；
- 科德玛(Kedma)学校，旨在为米兹拉希社区的儿童提供文化教育；
- 哈代拉(Hadera)的民主学校，专注于灌输民主观念。

本书考察了这些学校，它们都以不同的方式去改善或修复现有的现实。[2] "修复"(repair)一词在这个语境中意思是这些学校努力去修复他们运作区域内的裂痕(阿拉伯—犹太；世俗—宗教；米兹拉希，等等)。在大多数情况下，这个目标是在创始人个人痛苦叙述的背景下出现的。在本书中，我将描述和分析这种意识形态在每个学校中的表现方式；正如我们将看到的，研究中所包括的学校在表现方式之间既有相似之处，也有不同之处。

案例研究

如今，在教育培训中使用案例研究和描述是个普遍现象(LaBoskey，1992)，案例研究教会教育者在类似情况下或内容相似时如何采取行动(Merriam，1991)，它的力量不是来自定量表征，这在定性研究中通常无法实现，而是来自该领域人员在具有类似背景的情况下实施其提供的某些结论的能力。

到目前为止，在专业文献中很少注意到这个项目中讨论的学校，在进行文献整理时，我发现作者通常只讨论一个特定的学派，因此缺乏可比性。在本书中，我在考察不同学校努力修复以色列社会的裂痕的共同特征之前，将先分别介绍每一所学校。

内夫沙洛姆的小学努力开发一种课程，使犹太儿童和阿拉伯儿童能够积极接触。这所学校解决了两个群体在长期的政治、社会、文化和宗教冲突中遇到的固有困难，它提供了一种方式来遏制争议，同时使孩子们能够真正接触到对方的文化。许多问题成为学校里争论的焦点，比如教学语言（这所学校用希伯来语和阿拉伯语授课）、象征、节日和仪式，当然还有学习的内容。阿拉伯和犹太人群体之间的接触有助于改变态度，并鼓励参与者检查自身（Feuverger, 1995）。内夫沙洛姆社区也是和平学校（Peace School）（与本书中讨论的小学不同）的所在地，该学校组织来自以色列国内各地的犹太学生和阿拉伯学生之间的接触，这些活动的目的是通过培养两国学生之间的合作和亲密气氛来减少偏见和改变态度（Feuverger, 1997）。和平学校和这里讨论的小学之间没有直接的联系，尽管这两个机构之间有明显的类似之处。它们位于同一个社区，处理相同的问题。[3]

靠近特拉维夫总汽车站的比亚利克学校，试图满足学生的生活需求，他们中的大多数人生活在非常困难的条件下。由于人口结构的变化，这所学校已经转变成了一个迎合多元文化背景（包括阿拉伯人和移民劳工）的学生的机构。学校的学生包括移民劳工的子女，被迫搬到以色列的巴勒斯坦家庭的子女，来自"南黎巴嫩军队"家庭的子女，以及少数来自当地家庭和社会经济地位较低的移民家庭的以色列犹太儿童，他们住在旧中央公交车站附近。

西方世界移民劳工子女面临的问题，包括比亚利克学校的问题，例如对父母的法律地位的担忧，在移民国的歧视和战斗地区所遭受的暴力和创伤经历，以及城市生活的贫困和被社会忽略（Willshire, 1989; Olsen & Chen, 1987; Valdivieso, 1990）。在比亚利克学校这一章中，我介绍了学校的校风和适应学生特殊需求而形成的教育观念。学校的独特做法包括教师灵活的反应机制、多元文化敏感性的发展、对课程的改变和适应以及学生学习中的结构性变化。学校不仅是一个学术机构,也是一个教育机构和支持社区(Larivee,2000；Pang et al.,1999),替代和补偿儿童在家庭和社会环境中缺失的方面。学校老师们经历的独特过程使他们中的许多人成为移民中的领袖和倡导者。

科谢特学校的建立是为了满足世俗和宗教犹太人之间沟通的需要。该学院批评了20世纪50年代做出的为宗教和世俗犹太人建立独立教育流派的决定,并开发了一套课程,让学生从截然不同的角度解决课本中提出的问题。学校创造了一个空间,让孩子们可以审视自己的犹太和以色列身份。此前的一项研究显示,许多家长表示,由于学校的教育,他们的生活方式发生了变化,并且他们的满意度也很高。这所学校成功地塑造了对方的正面形象——世俗的和宗教的——并在一定程度上模糊了各自的身份(Weil & Roer-Strier,2000)。在这所学校里,身份的复杂性和两者界限的模糊让人想起塞尔乔夫和其他作家在Zucker(1999)中提出的主张,即"世俗""以色列""犹太"这些标签是不合适的,这些标签掩盖了这些身份的复杂性。这所学校在一个宗教和世俗犹太人之间的裂痕日益加深的时期扮演着重要的角色(以色列变革党的发展就证明了这一点)[4],它对一种不自然的情况作出反应,如来自不同流派的犹太人在被征召入伍后的第一次见面(如果有的话)。[5]

耶路撒冷的科德玛学校建立在倡导弱势群体社会改革的意识形态的基础上。多年来,教育部试图通过特殊的课程促进这些人口的发展,这些人主要来自米兹拉希社区。但这些努力往往效果甚微,可能是由于以色列社会固有的结构性偏见和歧视(Swirski,1990,1995)。而科德玛学校则采取了与其他学校不同的教育方法。它专注于一个特定的群体,努力改变学生的个人和文化认知,在这方面,它遵循了泰勒(Tylor)的方法,他认为,受个人充分表达其身份和文化的能力的影响,积极的个人自我认知与他们对来自周围环境的认可的需求之间存在联系

(Taylor,1992)。这所学校使学生能够以一种批判性的方式清楚地认知他们身份的组成,不将米兹拉希身份视作单一的或结构化的,而是看作一个已经沉寂多年、不该被复活、甚至不该被关注的重要叙事。在这种方式下,学校将自己的努力与米兹拉希民主彩虹等运动的努力相结合,该运动主张在以色列建立一个多元化的社会,为弱势的少数群体提供权利、保护和发言权(Shohat,1995;Shenhav,1998;Criff,1998)。

哈代拉的民主学校提供了以色列常规学校之外的一种激进的教育方式。在本书讨论的所有学校中,这所学校的特点是它所处理的问题具有普遍性,而不是某种独特的以色列社会现象。尽管如此,这所学校还是为以色列的教育、民主和公民的话语增添了一个重要的声音——这一话语在以色列社会中本是微不足道或根本不存在的。这所学校与科恩(Kohn,2000)和罗杰斯(Rogers,1973)的批评产生了共鸣,他们尖锐地批评工业的、前沿的教育方法,提倡以儿童为中心、强调教育情感方面的整体教育方法;这也符合尼尔(Neil,2003)和格林伯格(Greenberg,1998)的教育方法,他们建立了自由民主的学校来替代传统教育。学校将自身呈现为一个随着每个新学生的进入或离开而不断变化的社区,社区中的每一个声音都会影响和改变学校。这所学校设法向学生灌输用民主方式解决不同问题的方法,例如,一项对民主学校态度的调查发现,与普通学校的学生相比,该校学生对以色列阿拉伯人表现出更多的民主立场(Goldenberg,1998)。

这些学校是人们相当感兴趣的话题。它们似乎散发出一种精神,丰富了以色列的教育活动。无数的教育工作者、学生和政策制定者代表团访问这些学校,以便了解这些创新模式,并从它们的经验中学习。

在多次访问这些学校和研究现有文献后,我认识到,这些机构构成了一种致力于"修复的理想"的学校流派。[6]它们的意识形态是寻求减少和修复以色列社会的裂痕,并在此基础上发展一种以多元和普遍的教育视角为基础的教育实践,强调与他人的互相接受。在这些学校中,培养情感方面的教育尤为重要,学生和老师对彼此的爱和关注比普通学校高得多。诺丁(Nodding,1992)和拉瑞维(Larrivee,2000)将其描述为一个有爱心的社区,因为它是以尊重、真实、体贴和情感道德为基础的。教师被学生视为关心他们的需求的人,对他们的成功感兴趣并且渴望去帮助和参与的人(Adler,2002)。

虽然本书所讨论的各种学校表面上出发点不同,但它们之间却有相当多的相似之处。每个学校的创始意识形态都是独特的,因为它专注于修复一个特定的问题,但当这种方法扩大时,则创造了一种具有普遍性的修复的意识形态。

在本书中,我将试图说明教育理论是如何在坚持"修复的意识形态"的学校中付诸实践的。

方法论

我选择采用自然主义研究的方法,这适合于考察教育过程。我对每个学校都进行了观察,并对不同学校进行了比较。各种各样的文件,如校报、校章及其中的信息都被仔细审查,以加深对学校性质的了解。学校之间比较的标准有很多:公开的意识形态和实际的教育实践之间的一致,学校文化的各个方面,处理纪律的方式,学生对教育项目的参与程度,家长的参与程度,以及学校和社区的关系。在与这些学校的几位校长的交谈中,他们抱怨说,他们没有时间适当地记录他们的工作——这可以帮助扩大对他们的方式感兴趣的人的圈子,也有助于对他们的工作进行批判性和反思性的审查。

该研究包括对校长、教师、学生和家长的采访。这些观察发生在学生上课和开展有关社会和教育方面的活动期间。通过不同的方法（访谈、观察和文件）去收集数据有助于确保一个"三角论证"的过程。[7]

教师培训

西方世界越来越意识到需要采用多种教育方法来适应繁荣国家正在发生的人口变化，以色列社会是一个移民社会，它创造了犹太人与阿拉伯人以及越来越多的移民劳工之间的跨文化接触。

虽然犹太人的"阿利亚"，即移民到以色列是在锡安主义意识形态的影响之下发生的，但新移民融入以色列社会的方式实际上类似于其他繁荣国家的移民吸收模式，全球移民现象促使研究人员和教育工作者将培养多元文化主义的积极方法纳入教师培训计划。

仔细研究根据"修复的意识形态"运作的学校所采取的学术和教育策略，肯定有助于加强对一种实践理论的理解，这种理论是在修复或解决以色列社会文化差距的背景下从基层发展起来的。介绍这些复杂的教育模式可能会对21世纪的以色列教师有所帮助，因为他们的工作开展在一个还只是刚刚出现的多元文化社会中，同时也可能有助于为学生进入教育领域做好准备。本研究提出的模型和理论可以帮助教师培训机构利用教育实践领域的见解来丰富他们的培训计划。

叙事基础

在定性研究中，研究者是理解研究的最重要的工具。我同意那些认为个人叙述可以帮助读者理解作者的出发点，从而理解研究和写作中的趋势、偏见和偏好的观点。因此，作为理解数据的额外基础，我认为读者应该有机会了解这些叙述。对研究结果感兴趣的读者可以跳过这一部分。

1960年，我出生在阿根廷，我的父母是犹太人。我的父亲是一名共产主义者，但在斯大林时代之后，他一生中的大部分时间都受到当局的迫害。我母亲的身份是分裂的，因为她的父亲是基督徒，有时家里人会说，如果我们待在阿根廷，我们就会出现在失踪名单上——这指的是19世纪70年代那些在军事将领的恐怖统治下的受害者。我的哥哥和姐姐都比我大得多，他们在20世纪60年代末爱上了锡安主义思想，他们都在青少年时期来到以色列，并在基布兹定居下来。我留在阿根廷，被送到一所叫塔布特（Tarbut）的私人犹太学校，我不喜欢那所学校，而且我怀疑这种感觉是相互的。我回忆起在教室里的许多时候，我沉浸在自己的想象世界里，而父母和学校辅导员的会面，和心理学家的无聊会面，甚至连对我脑电波的临床检查都无济于事。我的父母显然是绝望了，在我11岁的时候，他们决定把我一个人送到以色列去。五年级结束时，我通过青年阿利亚组织被马查纳伊姆基布兹（Kibbutz Machanayim）接受为外部学生，因为在我哥哥、姐姐居住的基布兹里没有和我同龄的孩子，所以我不能被送到那里。

对我来说，在基布兹的生活是一次修复的经历，是一次体验我父亲时而提到的社会主义的机会。这种自由、非正式的学习方式使我有生以来第一次喜欢上了学校。然而，随着时间的流逝，我逐渐意识到我和我的同学们不同，我的父母不在我身边，这个因素在八年级时对我不利（我一直在那里待到八年级）。那时一个新的班主任来了，他根据学生父母的身份来对待学生，在那个集体里没有我的位置（青少年特有的强烈的批评意识无疑促成了这种心理意识），班主任经常坐在我的课桌上，她的后背让我看不到我的朋友！我常常把图钉、钉子和其他尖锐的东西放在桌子上阻止她，但她看都不看我一眼，就把这些都撇在一边。对我来说，她对待我的方式象征着我在班级和基布兹的位置。

快到年底的时候，她对我清楚地表明了她的立场：在学习上她对我没有太多的期望，但如果我把精力投入奶牛棚里的工作中，事情就会不同了。她大声问我是否真的确定自己想要在集体农场生活。

那时，我的父母刚到以色列，他们在海法买了一家药店。和班主任的谈话鼓动了我搬回去和他们一起住的想法，尽管他们对此有些紧张。

令我惊讶的是，九年级时，我就成了海法市一所市立学校的模范学生，那里的课程并不比在基布兹容易，但我觉得班主任喜欢我。在正能量的影响下，我证明了自己能够在学业上表现不俗，事后来看，我早年的经历让我亲身体会到了歧视的潜在负面影响。在阿根廷，我们总是担心非犹太人，尤其是那些有纳粹历史的人会做什么，在基布兹，我感觉被排挤，因为我没有"正确"的家庭背景（也许这就是为什么我后来与一个以色列出生的基布兹成员，一个我当时认为是"以色列贵族"的人结婚）。

在完成学业和兵役后，我被特拉维夫大学电影专业录取，我希望有一天能成为一个著名的、有影响力的电影摄影技师。我在知名的导演专业学习，并与艾萨克·弗洛伦廷（Isaac Florentin）一起准备我的毕业设计，他现在住在洛杉矶，从事动作电影的制作。完成学业后，我经历了一段时间的危机，那时我想要改变这个世界，但我意识到我无法通过电影和媒体来实现这一点。当我纠结于自己的疑惑时，我的老师亚伯拉罕·海夫纳（Abraham Heffner）给我们教授了"艺术的影响"，我记得他说过，导演们为了制作一部充其量只能投志同道合者所好的电影，抵押了他们的房子来筹资，危及了他们的家庭生活，这是有点可悲的。他想知道，如果所有这些艺术家在他们的孩子身上投入的精力和他们在艺术上付出的努力一样多，这个世界会变得多么美好。

当时我 25 岁，海夫纳的观点深深地影响了我。我认为他的观点指的是一般的孩子，我决定进入教育领域。我申请了教师资格证，期望寻找一所重视教育问题的学校，这成为我的挑战。我相信，有了信仰、爱和奉献，我可以让社会发生变化。

毫无意外，有很多这样的学校在等着我申请，因为老师们通常都奋力在"好"学校寻找教职，而回避"有问题"的学校。因此，后者的职员通常都是理想主义者，同时还有一些教师，他们没有去别处寻找，或者根本没有别的选择。

这所学校（实际上自称为"教育中心"）坐落在巴特亚姆（Bat Yam）的阿夫拉瓦内（Abrabanel）精神病院附近，颇有种讽刺意味。我被警告说，那里大多数的老师"两周后就离开"，但我在那里度过了充满美好回忆的两年，我从那里的好几位老师身上学到了很多。我注意到，该校 97% 的学生都来自米兹拉希社区，我开始相信，他们中的许多人是在被以前的学校剥夺了适当的机会之后才来到这里的，一些老师甚至会指责学生的家长。

我决定把我所有的注意力都放在我的学生身上：以尽可能高的标准教授各种学科，给予他们热情，满足他们的要求，最重要的是，对他们敞开心扉。我对许多学生进行了家访，学生们回报了我的爱，尽管我有时不确定我是否能接受他们的馈赠。例如，有一次，当我提到我的旧车里没有收音机磁带时，第二天他们就送了我一个。我不同意接受这个礼物，并担心他们是如何得到它的，但我非常感谢他们的细心和体贴。

直到今天，我有时仍会在特拉维夫偶然遇到我以前的一个学生。我总是很高兴看到他们成为一个店主或小商人，并发现他们为自己所取得的成就感到自豪。最重要的是，我很欣慰地得知他们自己的孩子不去那所"教育中心"了，我不确定我对他们产生了多大的影响，但他们声称我令他们的人生有所不同。

大约在同一时期，犹太事务局在找人做国外的犹太社区使者，我漫不经心地去参加面试，不认为自己会被录取（毕竟，我的大部分教育经历都告诉我，我有问题）。但经过长达18个月的筛选过程后，我被录用了，并和妻子一起到了俄克拉荷马州的塔尔萨（Tulsa）。塔尔萨有一个小而富裕的犹太人社区，大约有3000人，社区生活高度发达。作为两个世俗的以色列犹太人，我们突然发现自己生活在中西部原教旨主义基督徒中间的小部分犹太人中。我们去了所有的犹太会堂，但我们发现自己特别羡慕自由派，它展现了一种非强制性的、有吸引力的犹太教——与我们在以色列所熟悉的完全不同。

作为一名使者，我的工作要求我与不同信仰的人一起工作，我满怀热情地完成了这项任务。我和城里的穆斯林社区的成员有过几次有趣的会面。

当了三年使者之后，我又在美国待了两年，攻读犹太研究硕士学位。我就读于纽约的犹太神学院，这是一所高等教育学院，也是美国的保守主义运动的中心。我最终在这所学校获得了博士学位。

犹太神学院的教育学是与哥伦比亚大学教师学院的理论研究相结合的。我学习了定性研究方法和统计分析。我同样也熟悉了教育研究的人类学方法，以及其他对准备本研究有用的方面。

我的博士学位论文的研究与美国南部年轻的改革派犹太人的身份发展有关，包括研究他们与基督教原教旨主义相遇的后果。

回到以色列后，我在梅利兹（Melitz）工作了两年，这是亚伯拉罕·因菲尔德（Abraham Infeld）建立的一个组织，使用先进的咨询技术来研究犹太人身份的问题。我的部分工作是负责"Pikudei 2000"这个项目的国际管理，这个项目鼓励对有到犹太成人礼年龄的孩子的犹太家庭进行独立研究。在同一时期，我也开始在大卫·耶林(David Yellin)教育学院教书。在梅利兹工作了两年之后,我开始感到内疚,因为我没有为以色列社会做出任何贡献。我希望回到一线教育工作中,我在耶路撒冷附近的一个社区发现了这样一所学校,这个地方在阿克萨群众起义期间多次遭到攻击。

与我第一次接触"困难学生"的经历不同,这次我是在从柯佐尔(Kozol)、霍尔特(Holt)、弗莱雷(Freire)、布伯(Buber)、科扎克(Korczak)、尼尔(Neill)和其他好朋友那里获得知识基础后才开始教学工作的。

我相信这一次我不会比第一次在教育领域的经历逊色,虽然我收到的反馈主要是来自学生和家长。我觉得学校没有任何平台、论坛鼓励员工反馈他们的工作,这是没有真实交流讨论发生的重要原因。

我不认为学校的老师有什么问题,相反,在那里发展起来的体系并没有鼓励真正的交流,这种交流建立在信任的基础上,需要与同伴分享成功与失败、共同面对问题与寻求解决方案,因为我们知道,任何人类的努力,包括教育,都将包含未知和不可测的因素。作为教育工作者和教育研究人员,我们所能做的就是参与解释和对话,努力理解教育过程,同时为持续发展积极的教育和学术体验创造积极的条件。

第二年我辞职到大卫·耶林教育学院开始全职工作,并一直在那里工作到今天。这所学校里有许多阿拉伯学生和讲师,我有机会去推动两族人民共存,探讨多元文化问题。

学院设立了一个阿拉伯和犹太教师论坛,每三周举办一次活跃的讲习班,试图研究阿拉伯人和犹太人在学校、以色列和整个地区共存的不同方面。研讨是困难的,有时是紧张的,但我相信,所有与会者都从这种与他人的有意义的接触中获益,尽管存在分歧,但我们仍在摸索合作的可能性。

与学院的其他老师一起,我开发了学习模块,旨在鼓励老师从更批判性的角度审视自己的工作,从而帮助他们在能力和知识的基础上做出改变和改进。尽管学院的教师经常能够在必要时提供必要的定量研究工具,但我们鼓励他们基于定性研究工具进行实践性研究。这些模块旨在填补我多年来在几个体系中遇到的空白。在我访问的一些非主流学校中,我发现了一些工作方法,它们似乎构成了持续合作研究的一种形式,与更为传统和集中的学校相比,情况尤其如此。

我们渐渐得出这样的结论:对在某个领域工作的人来说,最重要的培训是在这个领域本身进行的。作为四年级学生最后一次研讨会的一部分,我们带他们参观了本研究中描述的学校。学生们的反应为这项研究提供了额外而有趣的数据。

我曾是另一个国家的少数民族,以色列的新移民,散居侨民的使者,以及各种体系下跨文化交流的活动家和研究者。在所有这些情况下,我都在与"他者"相遇。毫无疑问,这些相遇让我对少数族裔和那些与众不同的人更加敏感,并使我倾向于与那些将"修复"作为其教育方法背后意识形态的教师产生共鸣。我与那些以修复为基础理念运作的学校的相遇,也是与我自己的相遇。

第一章　内夫沙洛姆（Neve Shalom）/ 瓦哈特·萨拉姆（Wahat Al-Salam）

（1—6 年级，大约 260 名学生）

1　　当两个族群卷入一场持久的、与人类存在有关的冲突，执着于各自否定彼此的神话时，通常的假设是，他们将等待关系逐渐破冰，为相互理解与合作创造条件。内夫沙洛姆的居民并没有等待"过程顺利"或"建立信心的步骤"。他们通过为阿拉伯人和犹太人建立一个联合村庄来处理在冲突中生活的艰难任务。这所学校在村里开办，最初为当地家庭的孩子服务，但后来也吸收了许多来自四面八方的学生——来自梅瓦夏锡安（Mevasseret Zion）、拉姆拉（Ramle）、卢德（Lod）、祖尔哈达萨（Zur Hadassah）、阿布戈什（Abu Ghosh）和其他地方。

　　内夫沙洛姆学校有时会与同样设在村里的和平学校（the Peace School）相混淆。当地学校为村庄和周边地区的孩子提供正规教育，而和平学校则专注于通过讲习班和工作坊为不同群体提供服务。这两个机构相互配合，但有着不同的意识形态和方法。尽管内夫沙洛姆的居民将它们的方法进行比较，但这些实体之间没有正式或制度上的关系。多年来，学校发生了巨大的变化，已经被大大扩展，现在正准备获得教育部的充分认可。

学校由两名校长管理,任期三年,可以连任。现任校长是波阿斯(Boaz)和戴安娜(Diana)。波阿斯负责"外交事务"(例如与当局和教育部进行联络),而戴安娜则专注于发展学校的教学和学术工作,并进行监管。完成任期的校长可以选择留在学校担任教师、顾问或其他职务。

日记[1]

我来拜访波阿斯和戴安娜。村庄坐落在风景优美的小山上,距离独立战争(巴勒斯坦人叫作纳克巴,意为巴勒斯坦灾难日)中的一场战役遗址不远。

村庄正在稳步发展,尽管有时恐惧还是显而易见,但是居民们似乎对他们自身的存在越来越有信心。波阿斯曾经负责村里的安全(他是前以色列国防军军官)。有一次,他和朋友遇到一群人在附近走来走去。来访者告诉他,他们是特别行动小组的成员,他们将搬进计划中的内夫沙洛姆新社区的住所——该计划是在内夫沙洛姆的秘书不知情的情况下制定的。居民们反对这个计划,它最终被搁置,但最近有迹象表明它可能会再次被提出。

我在下午三点钟到达,此时学校的一天即将结束。我听见阿拉伯语和希伯来语的模糊的说话声。司机们叫喊着让孩子们上一辆公共汽车载他们回家。负责监督交通安排的老师亚龙(Yaron)用扩音器维持秩序。

学校的建筑让人想起基布兹学校。的确,从整体上看,内夫沙洛姆有一些基布兹的外观和结构。然而,在这个村庄建立初期,成员们决定不用"基布兹"这个词来描述这个犹太—阿拉伯村庄,因为这对一些居民来说带有犹太复国主义的负面含义。许多居民将基布兹视为否认两个族群基本平等的地方。因此,他们选择了一个更中性和可接受的词语:村庄。

3　　学校由几栋建筑组成，围绕着一个宏伟的广场。一面墙上挂着彩虹的图片，上面有用两种语言写的学校名称。课间休息时，我经常坐在这里观察犹太儿童和阿拉伯儿童之间的互动。波阿斯欢迎我到他的办公室去。他总是穿着牛仔裤和格子衬衫，就像我的基布兹里人们过去经常穿的那样。波阿斯在肖瓦尔基布兹（Kibbutz Shoval）长大。一些学生家长，主要是阿拉伯人，觉得他的着装风格不太适合校长。

日记——在戴安娜的家里
在我去学校的一次访问中，戴安娜邀请我去她家，她家离学校的一个侧门只有几米，我们坐在一起看风景。

戴安娜
　　从我们的房子里，你可以看到特拉维夫和卢德（她沉默了一会儿，然后转移了视线）……那边是被占土地（又一次停顿）。村庄建在靠近无人区的地方并非巧合。我们是第三个来到这里的家庭，也是第一个在村里建房的阿拉伯家庭。我们没有钱，但我们的朋友来这里和我们一起工作。他们并不总是咨询我们，所以我们再一次认识到一切都要付出代价。我们想要一栋阿拉伯风格的房子，有一个宽阔的入户和喷泉。屋顶可以从房子侧面通过楼梯到达，它必须是平坦的，这样可以在上面放水果和蔬菜晾干。在这边（她指着）有一对小而窄的窗户，可以缓解漫长夏天带来的不适。戴安娜说，这对窗户是典型的阿拉伯家庭特色。她指着窗外的葡萄藤补充道："家外的葡萄藤是一个非常重要的象征。"

　　房子结合了东西方元素，营造出令人愉悦的和谐。戴安娜指着餐厅的一扇大窗户，"我们本应该为这里的景色开一扇窗户，但我们不能按照我们想要的方式做所有事情——因为受财务限制"。

我们的时间有限，短暂交谈后，我们回到了学校。从学校到戴安娜家让我体会到了村子和学校之间深厚的纽带——即使是简单的物理意义上。这种邻近也凸显了在一个具有明确政治和意识形态倾向的村庄办学所具备的复杂性。这个村庄是教师和学生们的家园，但他们对村庄及其意识形态不那么在意。

跨文化接触中的平等与内部过程

在以色列社会的所有跨文化接触中，似乎没有比犹太公民和阿拉伯公民之间的接触更令人紧张的了。因此，在本研究讨论的所有机构中，内夫沙洛姆学校面临着最大的教育挑战。

概括地说，跨文化接触是不会成功的，因为人类倾向于坚持一种种族中心主义的方式，以保护他们自己免受与他人接触造成的威胁（Pearce，1982；Brislin & Yoshida，1993）。事实上，世界上的每一种文化都在与其他文化接触，每一次跨文化的接触都为所有人带来挑战。

旅游是产生跨文化交流的常见渠道，尽管这些通常会强化种族中心主义的立场。对其他文化的有限接触加强了对东道主文化的现有刻板印象，尤其是与团体中的其他游客交换印象后（Pearce，1982）。

许多以色列犹太人与阿拉伯社会和文化的接触很少，与其他更遥远的文化也是如此。两种文化的接触中一个是支配者，一个是被支配者。[2] 人类的友谊通常是在双方处于平等的状态下才能产生。犹太人和阿拉伯人之间的接触却发生在雇主与雇员关系的背景下。在这种情况下，双方可能会发展出持久和相互

尊重的关系,但会默认避免讨论某些话题,而这种关系通常不会发展成为真正的友谊。³

犹太人和阿拉伯人之间平等的情况很少见。当这种情况在特定时段产生——通过一些青年或学生接触计划,或在其他体系中——他们会产生一种尴尬和恐惧的感觉,尤其是犹太参与者:

> 是的,我以前见过阿拉伯人,但不是这样。我见过我祖父的工人,但他们的情况不同,在这里我意识到……好吧,我真的不喜欢和他们睡在同一个地方、同一个帐篷里。⁴

内夫沙洛姆学校试图在不平等的社会中创造一种平等的接触。对平等的渴望在各个层面和基础上都是持续而显而易见的。早在 1969 年,阿米尔(Amir)⁵就驳斥了这样一种论点,那就是仅仅通过跨文化接触就可以改善一方对另一方的态度。阿米尔提出了成功的接触所需的条件清单——内夫沙洛姆学校试图创造这些条件:

1. 对所有参与者的态度必须是平等的。
2. 接触应该发生在多数群体成员和少数群体中具有较高社会经济地位的成员之间。
3. 积极的氛围应该对积极的接触起到鼓励作用。
4. 接触要更加个人化,更少以群体为基础。
5. 接触一定是愉快的。
6. 参与者必须共同从事有意义的活动,并且必须志于完成类似的目标。

除了不断尝试在不平等的社会中创造平等的接触,并努力维护各个层面的平等,内夫沙洛姆学校社区还旨在鼓励所有参与者经历内在的过程。理想情况下,与自己和他人的接触,以及与他人的复杂相识,应该引导参与者接触到他者的内在维度。

戴安娜回忆起她在到达现阶段之前所经历的不同阶段。对于自己，她现在感到更加平静，她也相信自己会一直朝着新的方向发展：

在20世纪70年代，我开始感到仇恨——虽然这是我不想感受到的。我有我仇恨的理由。在学校，他们没有教我们任何关于我们的文化或身份的东西，但我买了书，自己学习。在大学里，我开始讨厌对方偷走了我们的梦想。后来参加工作坊后，我意识到在每一天结束时，我必须尝试帮助自己，应当反思自己看待事物的方式、自己的感受以及自己对情形做出的分析。我不能把事情视为理所当然。后来我参加了灵气工作坊（Reiki Workshops）和其他替代活动。

我必须在自己和宇宙中寻找光。这赐予我力量，让我有继续前进的动力。

现在我喜欢我所在的地方。我的工作不容易，而且最近更难了。尽管存在很多问题，我们依然可以为这所学校感到自豪。我认为任何与自己和解的人都能与他人和解。的确，如果我想平静地伸出我的手，我必须首先审视自己在整个故事中的位置。如果有障碍存在，它们为何存在？我怎么看待犹太人？我是否同意你所说的？我对这些问题的回答都应进行分析。

在这里，戴安娜展示了她生平经历的细节。她强调内省在与他人接触的背景下的重要性。并非学校的所有老师、家长和学生都经历过这样一个深刻的过程，但每个校长都要树立起应对冲突的榜样，通过反省来解决内部的冲突。戴安娜认为，一旦孩子建立了自信的身份，了解、接受自己和自身所处的文化，他也能够接受和理解对方，而不会感到自己的存在受到威胁。通过这种方式，经历过这一过程的人会将对方视为文化不同但是平等的人。

波阿斯

我们寻找自己的身份并发展它们。人们相信,当一个人对自己的身份有清晰的认知时,他们就会较少感受到来自其他身份的威胁。这同样适用于当人们使用具有民族内涵的词时,如"阿拉伯人"或"犹太人"或"骄傲的巴勒斯坦人"。我们在这里不回避"阿拉伯"这个词,诸如"阿拉伯儿童今天放假"之类的话对我们来说没有任何问题。这是生活的一部分,就像说"男孩在右边,女孩在左边"一样,这就是我们学习处理事物的方式。这是我们身份的一部分,没有什么巨大的创伤。尊重、接受和给予每个孩子民族认同感,使孩子们能够自信地成长并为自己的身份感到自豪。

在犹太社会,"阿拉伯"这个词是一个诅咒。但这里没有。在我们学校,孩子们必须寻找其他更有效的诅咒。

学校成立之初就旨在满足村里孩子们的需要。我们重视三个宗教和每个民族文化的节日。我们不谈论它——而是生活在其中。这不是"你应该对……亲切"或"平等对待……"的问题,而是一起生活的问题。作为出生在基布兹的人,我知道当你谈论平等时,你就提高了期望,而有时这会导致幻灭,这是一个深刻的困境。但在内夫沙洛姆,我们长期以来一直在努力维护平等。

7　　内夫沙洛姆中个人和群体所经历的内在过程建立在每一次接触中各个层面都是平等的基本条件上。[6]我们已经指出,这是不平等社会中的平等接触。正如阿拉伯方面通常对不平等迹象特别敏感,这些迹象从周围文化和更广泛的以色列社会背景中渗透出来。在内夫沙洛姆发生的事情并不是为了彼此友好而进行的美化。学校社区允许成员们在冲突和复杂中生活。参与者被邀请体验共同的和平等的过程,通过这些他们可以更加认识对方和自己。

转变态度,拓宽责任边界

正如上面提到的例子——"阿拉伯人今天放假"——由于参与者经历的内在过程,在内夫沙洛姆使用的语言也经历了语义的转换。在内夫沙洛姆中,"阿拉伯"一词及其所有派生词变成了中性和(或)积极的概念。从外部观察者的角度来看,阿拉伯人或犹太人成为人类社区的一部分,孩子对这个社区感到喜爱、认同和关心。孩子们不断变化的态度有时会让父母感到惊讶,他们似乎也受到了这一过程的影响。

日 记

一群家长有兴趣将孩子送到内夫沙洛姆的学校。其中一些人的孩子已经在学校。一位母亲说:

> 暴动(Intifada)发生时,我另一个儿子的班级——在一个普通学校——也讨论了正在发生的事情,但是以解释的形式:什么是圣殿山,为什么它很重要,等等。但是我在内夫沙洛姆上三年级的女儿,回家后担心会爆发战争。我试着安慰她"我们很坚强,即使有战争我们也很坚强,我们会赢,一切都会好起来的"。但我女儿说:"妈妈,你不明白。在战争中没有人会赢。人们会被杀死。如果我们赢了,我们会杀死谁?他们是我的朋友,我的亲戚——会发生什么?"

波阿斯认为这个故事是在学校发生的典型过程。"这个女孩没有引用别人的话。这些是她在学校发展出的价值观。"这所学校似乎确实有助于发展非传统的身份,而不是以色列犹太社会的主流所提供的身份。犹太儿童和阿拉伯儿童学会从广阔的角度思考冲突的结果,随着学校外部环境中发生的冲突事件增多,这种思考过程就越深刻。这不再是"他们和我们"的问题。这些问题放在一起成为对孩子们和每天生活在一起的人们的具体威胁。

在日常事情中可以看到变化。一位妈妈带着女儿去商场,在门口看到一个阿拉伯家庭后,女儿停了下来。女儿解释说,她想看看这家人会受到怎样的对待。他们敢用阿拉伯语说话吗?会发生什么?他们会被怎样对待?

波阿斯

女孩表现出的敏感程度让她母亲感到惊讶,这是她没想到的。孩子对大人忽略的细节很敏感。没有人告诉她观察周围发生的事情。女孩已经内化了这些问题。

戴安娜经常谈论儿童身上发生的变化,并指出这些变化比在成人身上更容易发生。成年人必须克服根深蒂固的障碍和偏见。打破这些障碍的渴望最终将戴安娜带到内夫沙洛姆。即使在今天,当她看到社区中的孩子们所经历的非传统社会化过程时,她还是很高兴。

戴安娜

1984年,我们一家人搬到了这个社区。我们的两个孩子在这里出生,他们很幸运能出生在这样的地方。我正在通过他们和在学校的孩子们学习。他们没有我们成年人所面临的障碍。我们为自己设置了障碍,然后我们突然注意到它们,并在自己身上努力打破它们,这样我们才能从平等、欣赏甚至一点点爱的角度看到另一边。我真的通过孩子们明白了这些事情。

对于孩子们来说,这一切都是很自然的。他们可以坐在一起讨论一些政治事件,提出反对意见,然后继续做朋友,这没有问题。过去一年,以色列发生了一些非常困难的事件。但这并没有阻止我六年级的小儿子邀请犹太朋友来家中过夜或去对方家里作客。

孩子们组织了一个聚会,父母打电话给我们,说即使在目前的情况下我们也有精力见面真是太好了。我一直说是我们需要向孩子们学习,而不是他们向我们学习。这并不意味着他们没有政治意识——他们实际上是积极参与了政治并了解正在发生的事情。然而他们有能力和意志力继续生活,并享受我们所有人都被赋予的短暂生命。

戴安娜的补充

有时我们孩子的五六个朋友来家里。他们来的时候不会想"现在我要去阿拉伯家庭或犹太人家庭",这是自然而然的。自70年代以来,我不得不努力去认识到犹太人不是敌人,而是会思考、感受和相信的人——只是有时与我所相信的相反,但我接受我们和他们的复杂性,每个人都有自己的想法。如果我接受自己,我为什么不应该接受他们?这个国家的每个人都认为自己这边没问题,自己的想法和行为是合法的,而不能接受另一方的。

戴安娜谈关于孩子

这里的孩子们生活在阿拉伯—犹太冲突中。你如何应对这种复杂性,将其转化为优势?以假期为例,由于阿拉伯人正在放寒假,一个女孩推迟了她的生日派对,尽管她的母亲想继续举办派对。另一个女孩说："为什么我们不等犹太人回来后在课堂上开派对？"对于孩子们来说，双方都是好的。

10 戴安娜和波阿斯经常观察、记录和反思孩子们在他们所生活的"和平实验室"中的行为。这些故事是在社区和学校中创作的，尽管存在问题，两个群体之间还是存在明显的联系。通过孩子们，可见古老的仇恨和障碍显而易见是人为的，也是可以解决的。社区和学校参与社会化以促进和平与解决冲突，每个人都将另一个人变成一个活生生的、真实的人。当一个女孩因为母亲不让她邀请阿拉伯朋友而取消她的生日聚会时，她强调了态度上的差异。对她的母亲来说，"阿拉伯"是一个抽象的、遥远的概念，而女儿却认为她所有的阿拉伯朋友都在场是意义重大的，没有他们的派对是毫无意义的。显然，学校对人际关系的融洽、理解和接受做出了真正的贡献。

在教育方面，这是一个象征性的案例。[7]孩子们无法从成人那里学习到解决冲突的正确模式。事实上，成年人通过孩子们才了解到创造更美好未来的可能性。

社会化变革

学校努力在孩子、教师甚至学校社区中的家庭之间创造变化。在某些情况下，孩子们成为家庭变革的推动者，将大人忽视的主题具体化。在将自己定义为左翼和和平进程支持者的以色列人中，许多人与阿拉伯人并不真正熟识。学校促进了社会化、熟悉感和接受的过程，使他们意识到在阿以冲突的背景下他们对他人看法的不足。然而，同样明显的是，孩子们的父母至少在一定程度上对学校实施的过程有潜在的思想支持。来自以色列犹太社会主流的许多家庭几乎肯定会对孩子表现出的这种"洞察力"产生冷漠、中立、矛盾甚至敌意的反应。概括地说，容易遭受文化冲击的人实际上不那么以种族为中心。种族中心主义的个人完全否定异文化，只根据自己文化的标准来判断。因此，他们自己文化的固有真实性没有受到挑战。不以种族为中心的人更愿意了解其他群体的"真相"。当他们先前对现实的理解与新环境不一致时，就会产生文化冲击（Brislin & Yoshida, 1993; Pedersen, 1994）。

父母的动机

尽管内夫沙洛姆学校只是部分地与它所在的社区相关联，但共同生活的累积经验影响着学校的精神和理念。然而，学校也为大量不住在社区的孩子提供服务。是什么促使父母将他们的孩子送到一个观点并不总是与他们自己一致的学校？答案似乎并不是他们希望参与一个阿拉伯-犹太的双文化项目，而是他们希望将孩子送到一个高质量的、规模相对较小的、具有良好学术水平的私人学校。所有这些特征都可以在内夫沙洛姆的学校找到。

许多父母，无论是犹太人还是阿拉伯人，都表示学校的高标准是他们决定将孩子送到内夫沙洛姆的一个非常重要的因素——这个决定有时带来了很长的往返学校通勤时间。

在阿拉伯父母中，我发现他们对卓越和标准问题的关注度更高。他们希望他们的孩子获得合适的工具来应对歧视他们的社会，这样的社会带给他们一个阻碍晋升机会的"玻璃天花板"。尽管有这些限制，这些父母仍将教育视为在以色列社会中向上流动的重要工具。犹太父母似乎更愿意接受非传统且要求较低的教育方式，尽管在这里也能听到寻求"卓越"的声音，无论是在成绩方面还是在投入和产出方面。

戴安娜对许多阿拉伯父母（包括住在内夫沙洛姆的家庭）以及不少犹太父母中的普遍立场持批评态度，尽管她理解他们担忧的根源。她意识到其他人较她拥有不同的经历，并接受许多父母有不同的教育方式。

戴安娜

我不希望我的孩子受到像我一样的教育。我相信学校的多能力教育方法。我们必须给予孩子不同的机会、工具和能力，这样他们才能继续前进并取得进步。哲学家和教育家们谈到了一个正在发生变化的新时代。卡尔·罗杰斯（Carl Rogers）也说过，为了生存，我们必须不断地回归自我。作为老师，我们要明白，孩子们总是冲在前面。我们需要给他们一些支持，然后说："去吧！我们和你一起跑。"这是非常重要的。

我们并不总是成功。有时父母不理解为什么我们不强调成就和测试，这对我们很难。当一名新老师来到学校并开始评分和考试时，或者当老师屈服于父母的压力时，这种困难尤其明显。

如果你给 100 分，那又如何？如果您的评分低于 80，则会造成损害。你需要给予的是帮助孩子前进的评价。成绩只是在孩子的道路上制造了障碍。这就是在正统学校（Orthodox School）[8]和其他地方发生的事情。孩子需要说："我要学习是为了能明白更多的东西，不是为了考试，也不是为了成绩。"

认识到多样性很重要。这让我们想起了学校里的大彩虹。每个人都有自己的彩虹，有多种颜色。我们只需要让孩子发现他们需要改进的地方。

如果我们这里有一所民主学校，我会很高兴并支持它。

在现阶段,就内夫沙洛姆的情况而言,民主学校并不合适。人们希望获得学业成就伴随的安全感,但他们对孩子的成就并不完全满意或充满信心。这个问题在阿拉伯父母中比犹太父母更明显,但犹太父母有时也关心成就。我发现这种需求令人惊讶。犹太父母说他们把孩子留在学校是因为孩子们喜欢待在学校,但有时他们真的怀疑带走他们是否更好,因为他们学得不够,或者他们没有以"他们应该的方式"学习。当我们去看哈代拉学校的民主模式时,我们有一门课程,试图按照一个特定的方向和这个方法的某些部分来实施。我想了很多用民主教育来代替强调成就的教育的方案,但我意识到如果父母不认同这种教育方法,那是行不通的。孩子们需要来自家庭的支持,如果我来自一个更传统、更专制的社会,我将很难支持民主的方案。[9] 如果可以,我会在内夫沙洛姆建立一所像哈代拉一样的民主学校,并做出适当调整以满足我们当地的需求。但就像在哈代拉一样,基础必须是孩子选择的。我相信孩子们的能力,他们可以在他们想要的时候学习,并且在非常短而密集的时间内,在正确的指导下克服任何困难来弥补差距。为什么不?当人们说这里的孩子只是玩耍时,我回答说,孩子们也是在玩耍中学习,然后他们在社会上融入了学校。当我们的孩子在这里读完六年级时,无论去哪里学习,他们都很出色,那我们为什么要给他们压力呢?当我还是学生时,在学校的大部分时间里我都感到压力。

我们需要通过我们的孩子经历纠正的过程,而不是让他们经历我们不喜欢的事情。

戴安娜和波阿斯在教育过程中的立场,就像我们在其他学校遇到的校长们一样,受到了人本主义心理学理论的影响(Rogers, 1961, 1973; Maslow, 1964, 1968),也受到了不同的学习方式和多元智能理论的影响（Dunn & Griggs, 1988; Gardner, 1992）。正如戈尔曼（Goleman, 1997）所阐述的，学校强调培养情商的重要性，并试图满足在不断变化的时代中为了生活而教育的需求。[10]哈代拉的民主学校为内夫沙洛姆学校和戴安娜提供了审视和检验的有用模型。

和其他一些学校一样（如下所示），我们在这里看到了一种现象，即教育领导处于与家长不同的意识形态和哲学点上，一般来说，领导更激进、更民主、更另类。家长的愿望和教育领导的愿望并不完全一致。因此，学校风气受到领导和家长间矛盾调节情况的影响。

老师们也是如此。校长们很难让教学人员相信他们方法和教育观的各个层面，但许多教师却受到校长们话语的影响。

学校的老师经常说，学校里有很多"好"的学生。我和波阿斯谈论是为了澄清"好"这个词的隐含含义。我问他是否不担心只有某种类型的学生被"指引"到学校来。这所学校是否可能真的只是让双方精英进行接触？

14 波阿斯

在犹太人中存在偏见。米兹拉希学生不多，弱学生也不多。大多数家庭是来自繁荣社区的中产阶级阿什肯纳兹犹太人。尽管也有一些家庭，他们的孩子有困难。阿拉伯人更加多样化。这是一所好学校，你也许是对的，它吸引着想要享受犹太人教育标准的阿拉伯人。对于他们中的一些人来说，学校是一个非常重要的进步手段。但我们也有来自卢德和拉姆拉非常贫困社区的学生，这些社区存在严重的毒品和暴力问题，例如"火车社区"、加瓦里什（Jawarish）社区和一些甚至没有名字的社区。学校的一个孩子从下车点步行到家需要两公里，因为司机拒绝进入"毒品社区"。我问司机为什么一个八岁的男孩要走这么远："你为什么不能带他回家?"司机告诉我:"我在那里被人扔过石头,他们打破了我的窗户,我不愿意进去。而且,每次我进入那个社区时,警察都会拦住我并搜查我的车。"学校里一个孩子的父亲在城里被谋杀,很可能是在与犯罪有关的事件中。

学生与社会阶层之间的差异带来了一个问题。来自较高社会经济背景的阿拉伯人也是如此。阿拉伯人中有避免不平等的愿望,但他们也希望自己的孩子追求卓越,与工人阶级的接触就会有问题。对于阿拉伯人来说,学校可能会略显得精英主义。父母希望看到纪律和家庭作业,他们希望看到他们的孩子在这里学到很多东西。他们不希望孩子的未来受到阻碍。但即使我们不布置大量的作业和测试,我们也觉得我们做得很好。我们看到我们的学生在初中适应得很好。例如,正统学校从内夫沙洛姆接收孩子,也从加瓦里什接收孩子。这种差异也适用于对严格的行为规范和成就的期望。对于来自弱势社区的孩子来说,金钱并不是障碍。的确,在这里,孩子的父母支付的费用比在普通学校高,但有困难的人也有机会获得帮助。来自这些社区的孩子一般都比较好斗,但在学习过程中会发生变化。他们变得更加温和。我认为这是成功的。

一位母亲告诉我:"我有五个孩子,他们的表现都一样,除了上你们学校的穆罕默德不一样,他的行为完全不同。"她很抱歉,当他完成六年级学业后,他将不得不回到所在城市的一所学校。总的来说,父母的看法是,内夫沙洛姆的孩子很不同。我们每天在这里看不到这么多差异,但父母们看到了。

戴安娜

一些犹太学生表现出"新式"的问题——父母离异、父母专注于自己的事业等。这些问题可以从孩子们在学校的日常行为表现中得以看出。

因此,我们看到追求卓越对这两个群体都非常重要。内夫沙洛姆的学校遵循阿米尔的建议[11],即如果参与者来自相似的阶层,两方的接触会更成功。尽管如前所述,一些阿拉伯儿童来自"困难"的地区,这一原则还是被遵循。从孩子们的行为来看,学校似乎成功地实现了积极的社会化。这些孩子变得不那么好斗,并且能够更好地控制自己的情绪,这使他们在家庭环境中脱颖而出,正如一些将一部分孩子送到内夫沙洛姆,另一部分送到其他地方的父母所说的那样。换言之,来自问题社区的学生一般不会换学校,反而是他们自己被学校环境改变了。问题之一是,在这些社区中,没有初中学校可以提供内夫沙洛姆的学校那样持续的积极体验。因此,学校目前正在筹建自己的初中和一所计划中的高中。应该指出的是,在阿拉伯教师和家长中,有人赞成降低来自困难社会经济背景的阿拉伯儿童的比例。这种隔离主义方法也存在于富裕的犹太人口中,他们倾向于根据社会、文化和经济地位对自己进行分类。

学校里犹太学生的父母大部分是受过教育的阿什肯纳兹犹太人,家境殷实。他们中的许多人属于仍然控制着以色列社会权力中心的精英。一个众所周知的矛盾是,与阿拉伯文化更亲近的阿拉伯血统犹太人经常试图淡化他们对阿拉伯文化和阿拉伯人的认同。此外,米兹拉希犹太人在宗教方面普遍比较传统,内夫沙洛姆似乎并没有对犹太传统投入大量精力。

日记

我环顾了幼儿园的外面,然后走进去。这位学前教师,一名来自俄罗斯的犹太移民,正在向学生们解释三个节日——圣诞节、斋月和光明节,这三个节日今年相距很近。我注意到门上没有门柱圣卷(mezuzah)。学校里的其他地方有门柱圣卷吗？在象征层面上，我突然意识到这所学校对一些犹太人来说不是一个受欢迎的地方。我看到一个习惯亲吻门柱圣卷的学生惊讶地看着门柱，好像迷路了一样。这是跨文化接触的另一个结果。

尽管进行了自我选择，尽管学校的人们都接受了针对文化碰撞、交流的教育，但仍然有意想不到的困难。内夫沙洛姆的学校既不反映整个犹太社会，也不反映整个阿拉伯社会，但它可以作为一个有意义的实验的先驱，在两个处于冲突和寻求身份认同的社区之间进行共存。

冲突中的神话

神话是一个特定社区存在的理由。

神话是一个故事，它塑造了一个社区的文化，并向其成员解释了他们是谁，他们作为一个群体将走向何方，以及他们与其他群体的区别(Gillman，1990)。

有时，个人的神话故事与周围社会的主流神话相冲突。在美国，我接触过一些生活在基督教原教旨主义多数派中的少数犹太年轻人，他们对犹太身份有一种抗拒和消极的态度(Bar-Shalom，2001)。年轻人感到不安的是，他们的基督徒朋友对犹太人会在地狱中毁灭而感到抱歉，因为犹太人拒绝接受从基督徒的角度来看是唯一正确的神话。人们普遍认为，当前的全球恐怖浪潮有宗教的原因。

在内夫沙洛姆学校，仿佛三种宗教的共存是不够的，这里还有一种民族冲突，其中也包括相互冲突的神话：以色列独立战争中胜利和解放的神话与纳克巴[12]破坏和受害的神话。同样的历史事件会根据观察者的民族归属以相反的方式解释出来——这是现实社会建构的一个生动例子。

在内夫沙洛姆学校中,相互排斥的种族中心主义神话和伦理之间发生冲突似乎并非不可避免。尽管三种宗教都包含根深蒂固的神话和精神体系,这些神话和精神体系已经导致并仍然会继续导致可怕的冲突,但也有一些证据表明可替代的、更软性的神话为个人提供了社群、归属感和象征而无需否定他者。考察可能遇到的不同流派超出了本书的范围,但我们可以注意到,在这三种宗教中,每一个的经典文本都允许不同类型的世界观发展。在这些宗教中,每一个都存在两种流派之间的紧张关系:否定与他者接触的流派,以及与他者接触并鼓励自我反省的流派,培养宽容并寻求宗教和文化的团结。

沿着节日、风俗、传说和文本的文化和宗教连续体,内夫沙洛姆似乎在寻求软性神话,从而使不同社区之间能够进行友好和温暖的接触。孩子们兴奋地谈论即将到来的节日。有时两个族群的节日几乎同时到来,大家一同决定庆祝哪个节日。有时人们会担心,由于不断接触大量不同的传统,孩子们可能会在成长过程中产生一种混淆的认同感。

18　　**波阿斯(谈论他的儿子汤姆)**

起初我很担心我对这个男孩做的事情。他长大后会怎样?首先是希吉拉(Hijra),即庆祝穆罕默德前往麦加的节日。然后是圣诞节,然后是逾越节和摩西。我担心这些可能会对孩子的身份认同有害。孩子们全神贯注于节日。他们都对谁将成为圣诞老人并带来礼物而感到兴奋(其中一位老师为此装扮)。我问孩子们,这一切是否让他们感到困惑——基督教节日、穆斯林节日、犹太节日。其中一个孩子告诉我:"当我去参加朋友的生日聚会时,你不觉得我很兴奋吗?但我知道这不是我的生日。那又有什么区别呢?为什么要有所不同?"

这是成人如何向儿童学习的一个例子。在内夫沙洛姆学校以及我们访问的大多数其他学校,孩子们的许多见解影响着成人教师。大部分社会化发生在学校之外,因此在学校接触其他文化不会威胁到孩子们自己的身份。自然地,他们对圣诞老人的到来感到特别兴奋,因为他带来了礼物——谁不喜欢收到礼物呢?孩子们觉得参与另一种文化的活动并不会削弱自己的身份感。情况可能正好相反。露丝·加维松(Ruth Gabison)声称一些父母将他们的孩子送到像内夫沙洛姆这样由两个民族组成的学校正是因为这些学校要求学生直面自己的犹太人身份。[13]同样,我们听说许多以色列背包客在穿越远东后发现了他们的犹太身份。然而,这必须加以限定,因为接触他者有时确实会鼓励人们接纳对方社会的习俗。

与宗教和传统有关的神话可能会在一定程度上得到消解。如果内夫沙洛姆的学生们来自更传统的背景,我们不知道是否会出现这种情况。可以假设,来自普遍主义和分散背景的参与者会更容易接受他人的习俗,而来自特殊主义的参与者则相反。然而如前所述,后者在内夫沙洛姆中占少数。

民族神话更难消解。这些神话仍然在该地区广泛的犹太和阿拉伯社会以及内夫沙洛姆的小社会中造成困难。

以色列独立日和巴勒斯坦灾难日在社区和学校中分别进行标记。内夫沙洛姆的一些居民,特别是阿拉伯人,希望将整个社区聚集在一起纪念灾难日,而避免纪念以色列独立日(这是基于他们相信阿拉伯人的失落感很重要以及需要被纪念),社区中的大多数犹太人也认同这一点。在内夫沙洛姆学校可以发现一种反转,从居住在以色列的阿拉伯人没有代表、缺乏发言权和影响力的情况到拥有代表、有影响力和话语权的情况。内夫沙洛姆的阿拉伯人拥有地位、权力和影响力。然而他们有时似乎将犹太人在某一特定问题上与他们的分歧解释为一种让阿拉伯人沉默和压迫的模式。

波阿斯

这样的叙事将内夫沙洛姆的成员隔离开。大多数犹太人的叙事与阿拉伯人的不同。我们没有统一的答案。村里的一些人觉得这种复杂性很困难。例如,他们希望我们纪念灾难日——为什么我们要在这一天分裂?那些寻找排他立场的人通常会站在巴勒斯坦一边,因为他们仍然觉得身在一个被占领的社会,就像我们还身在独立战争中,需要交战才能实现目标。因为他人的看法不同而造成困难,一些犹太人放弃了他们的精神和历史。犹太人可以走向阿拉伯人,但巴勒斯坦人却很难做到。巴勒斯坦人意识到他们仍在为争取基本权利而战斗,例如他们的国家和平等。处理这两个平行的故事是困难的。我们经常处于一种"对抗"的情况。这并不容易,提出这个想法并建立社区的人可能没有意识到其中的困难。在遥远的过去,在以色列内部的冲突中,阿拉伯人总是放弃重要的方面。如今,犹太人更倾向于让步。在学校老师之间的讨论中,有一种这些叙事越来越近的感觉。

在这场冲突中,波阿斯体验了最艰难的经历:他失去了一个孩子。他的儿子汤姆在前往黎巴嫩途中的一次重大军用直升机事故中丧生。媒体对汤姆的葬礼进行了隆重(且不准确)的报道,这一事件导致了内夫沙洛姆的紧张局势。村里的一些阿拉伯人误以为波阿斯想为汤姆举行"军事葬礼",或者为他竖立纪念碑。虚假信息盛传,波阿斯认为有些人很难将他视为受害者,因为内夫沙洛姆的神话通常将另一方视为受害者。最后他们达成了妥协,但波阿斯的孩子们还是心有怨恨。波阿斯解释说:"当你处于权力位置时,你更容易让步。一些阿拉伯人很难让步,是因为他们的'无力感'。"波阿斯的哲学洞察力似乎并没有说服他的孩子们。

波阿斯

在阵亡将士纪念日的前一天出现了一个问题。独立日伊始，我应邀在赫茨尔山举行的主仪式上点燃火炬。一些阿拉伯人问我怎么能同意这样做。毕竟，人们认为我是代表整个村庄的。也可能是荣誉问题——由于缺乏认识，他们觉得我在获得他们认同方面做得不够。"在我们如此敏感的独立日，你怎么能允许自己去接受这项荣誉？难道你麻木不仁？"

有个人要求开除我，但听闻事实后又撤回了这一主张。他们的另一个考虑是媒体如何评价他们。这个敏感性问题非常有趣——让步、接受对方需求的能力。如果你觉得自己很强大，让步不会伤害你。阿拉伯人可能处于不那么强大的位置。尽管他们中的一些人可能已经到达那个阶段，但他们还没有达到可以妥协的地步。他们中的大多数人认为，如果他们接受我们的需要，就好像他们在"向犹太人屈服"。他们很难接受一个犹太人是受害者。他们中的一些人感觉不到我需要支持。

戴安娜

我们是一百年来一直处于长期冲突中的两个民族。犹太一方是强者，他们可以与自己的历史、集体记忆、根源和归属感联系起来，但同时否认我们作为巴勒斯坦人这样做的权利。

当我们与犹太人谈论他们的敏感问题时，他们会觉得受到威胁。当我们谈论集体记忆、难民或说我们是扎根于这个国家的同一民族这一事实时，他们觉得受到威胁。这个强大的、占主导的部分让我们觉得自己在我们的祖国里是多余的。

由于双方都生活在一个存在不平等冲突的社会,双方拥有最重要的资产之一分别是正义感和受害者身份。在内夫沙洛姆,也像在其他允许谈论受害者的地方一样,阿拉伯人处于更有利的地位。双方都认为,在以色列,现实情况是阿拉伯人一直并且当下仍然受到歧视,他们的权利、文化、财产和生命都在受到侵犯。

当犹太人和阿拉伯人在和平学校相遇时,[14]他们的沟通往往以发泄的方式告终。犹太人高度意识到自己给阿拉伯人造成的苦难,他们得出的结论是需要更大的平等和正义。阿拉伯方面的挫败感之一是,在这些活动结束后,他们又回到了受歧视的状态。在这些活动中创造的现实与日常生活的现实之间没有联系。

村里的一些阿拉伯人担心,尽管进行了平等主义实验,但外部现实会导致社区和学校出现不平等。因此,每一个细节都被给予充分关注。每一个在别的学校经常庆祝的节日都需要进行一连串的检查和充分的准备,以便任何一方都不会感到被冒犯。尽管教师之间进行了讨论和公开对话,但总有被冒犯的风险,特别是当事件涉及与民族神话和精神有关的符号时。

日记

事件

一名学前教师分发了来自三种不同信仰的儿童的照片。背景上有"耶路撒冷"的传说。一位老师指出,这幅画表示支持耶路撒冷统一的政治声明——这个问题仍然是巴勒斯坦和以色列之间的谈判主题。

事件

低龄班的一名学前教师向孩子们分发了以色列国旗(只展示了以色列的国旗)。一些阿拉伯父母对此非常生气。

事件

来自东耶路撒冷的孩子们告诉他们的老师,他们会扔石头。这位老师告诉他们,这很危险。他说,当他在执行预备役任务中遇到这种情况时(有人向他扔石头),他就觉得非常危险。几位老师向他指出,孩子们可能会把这句话理解为,他会向他们开枪。

事件

一位阿拉伯教师正在处理同事的反馈,因为他使用"屠杀"一词来指代 2000 年 9 月阿克萨群众起义(Al-Aqsa Intifada)最初几天发生的事件,当时 13 名以色列阿拉伯公民被枪杀。

这些具有代表性的活动强调了内夫沙洛姆的教师们面临的困难和挑战。使用的语言和内容必须始终考虑到两个群体。在单一族群国家中被视为正常的语言或行为(例如分发国旗、谈论预备役经历或指责屠杀的侵略方),在两个族群背景下变得高度敏感。在一个将冲突中的人们聚集在一起的国家,误解是不可避免的。并非每位教师都是外交官、合格的调解员或人类学家。教师是优秀的专业人士,他们愿意在模糊的环境中教学,并不断接受有关语言、符号和文化呈现给两个群体的反馈。在研讨会上,教师们会提出与他们在日常工作中被冒犯的事件相关的具体情感点,而不是对事件进行抽象的论述。因此,当上述事件发生时,学校会从中吸取教训,澄清的过程创造了一个适当的行为基础方式以应对未来类似的情况。学校里的每一位老师都需要经历一个改变的过程,随着时间的推移,老师们会获得更多应对学校生活中的含糊不明的东西的方式。然而,戴安娜强调说:"总有一种感觉,我们所做的一切永远都不够,我们必须付出更多的时间,获得更多的方法。"

孩子作为集体的一部分在中心位置

内夫沙洛姆的一些居民——主要是阿拉伯人，但也有一些犹太人——将在小学的学习过程视为同和平学校类似的过程。和平学校的方式是，小组中的每个发言人都是一个代表，代表他或她所在族群的声音，个人仅仅是群体的一部分，其重点是为了培养一种群体洞察力。[15]有时，当犹太人了解自己对阿拉伯人的受害者造成伤害时，就会体验到一种同情和宣泄感。然而，犹太人并不总是这样，在相反的情况下，阿拉伯人则会对犹太人无法看到他们受害者的角色而感到沮丧。

戴安娜、波阿斯和其他老师认为和平学校模式与内夫沙洛姆的小学不太相关，在小学里，教职员工和孩子们会长时间生活在一起。尽管和平学校的模式已被证明很有价值，但他们仍保持这一立场。

日记——与戴安娜的会面

戴安娜谈论了她在和平学校的个人经历。她反思了该机构目前的咨询风格与小学期望的身份发展之间的差异。

我对这两个机构都非常熟悉。我从1984年到1990年在和平学校工作，管理过这所学校两年。我和其他几名教职员工一起离开了和平学校，因为当时发生了一些危机。我们秉持一种试图捍卫教育和意识形态的方法。我们进行了行动研究并发展了一种方法，使人们能够在冲突中生活。研究员是我们的顾问，有时我们也不得不自己努力。我们觉得如果一个人自己没有亲身体验过一些东西，就很难把它传递给别人。

我今天仍然可以在老师那里看到这一点。敢于敞开心扉向自己发问的人，即使所问的其中一些问题一般情况下是被禁止的，也可以经历内在的体验和发展。但在这个暴露的过程中，老师们并没有受到保护。他们需要广泛的支持，我们则通过自身的工作极大地支持了这些教师。

和平学校的观点是有问题的，因为我首先是我自己的代表。学生也是如此，他/她是他/她自己的代表，然后也是他/她的文化的代表。学生应该能自由地表达个人立场。我并非一直代表我的同胞，因为这样就否定了人的个性，阻碍了其他可能性。按照和平学校目前的做法，我不能做我自己，我只是群体的一部分。但事实是两者兼而有之。

我出生在我的民族认同中，它已经成为我自身的一部分。我学会了为身为巴勒斯坦人而感到自豪，同时以批判的方式审视我身份的某些焦点。每个人都有许多身份，其中一些是他们选择的，而另一些则与生俱来。我们必须与这些多样性共存。没有巴勒斯坦国这一事实使我将我的巴勒斯坦身份看得比其他身份更重。任何情形都不应该剥夺人以多重身份生活的权利，就像我一样。

日记——与波阿斯的会面

与许多其他学校一样，我们也将孩子放在中心位置。但是在内夫沙洛姆有一定的矛盾，因为很明显，孩子是群体的一部分。群体在学校中的位置非常重要。是群体更重要，还是孩子更重要，两者存在一些矛盾。现实表明，虽然和以此为座右铭的学校相比，在这里孩子确实是中心，但我们必须更多地关注集体和国家问题。每个孩子都带着自己的现实来到这里，而现实是犹太人占主导地位。我们如何才能确保这种现实不会在这里一直延续下去？和平学校为年龄较大的孩子和成人举办研讨会和工作坊，他们选择在小组中工作。在那里，阿拉伯人会在口头上击败犹太人，并证明谁是受害者,谁更道德、公正。犹太人会试图缩小差距,但在这场斗争中,阿拉伯人显然是受害者。随着阿拉伯人的强大,他们获得了力量感,克服了自卑感,解除犹太人对于他们的优越感和控制力,至少在想象中是这样。在工作坊和研讨会进行期间,参与者的感受会发生变化。之后,阿拉伯人又回到他们自己的日常生活中,感受到了幻灭和失望。

这个过程在我们学校是不可能的。我们在这里不使用这种方式。在这里我不能说艾哈迈德(Ahmad)是阿拉伯人,这在这所学校是不合适的。所以和平学校的方式不适合我们。我们不举办工作坊,我们不会将我们的研究和教育建立在群体的不断对抗之上。这不适合一所以宽容、和平和多元化为教育目标的学校。但是村里的一些阿拉伯人无论如何都想使用这种(对抗)的方式,一些犹太人也许也有这种感觉。在课堂上的各种讨论中,这种情况有时会出现,但归根结底,学校的目的是让每个孩子成长,发展自己整体的身份,并为他们提供应对生活的工具。

我们的目标是给每个孩子一个自信的身份,以至于另一方看起来不会那么具有威胁性。正是他者的不同丰富了学生,每个学生和他们的文化都受到重视并给予尽可能多的空间。我们尝试为寻求苛刻答案的人提供不那么苛刻的答案。平等并不意味着一个群体服从另一个。一个已经发展出自信身份的孩子,学会了与他人一起生活并以平等的意识应对现实,这样的孩子会将这种身份内化到他们的生活方式中,不会屈服于现实。

在学校的意识形态辩论中,我们发现了与弗莱雷(Freire)批判教学法的共鸣,以及杜威(Dewey)关于人文主义教育方法和后现代方法的思想。和平学校和内夫沙洛姆的小学都提供了一种革命性的教育方法,将两个不同的族群聚集在一起学习。员工之间的对话以及父母与孩子之间的对话至关重要。老师们一致认为,以色列社会的现状不适合今天的我们,必须作出改变。弗莱雷认为,对现状的不满和对改变的渴望是有意义的教育活动的良好催化剂(Freire,1994)。愿意接受曝光,参与关于主导权力机制的讨论以及创造平行和替代的叙事都让人想起批评和废除元叙事的后现代主义倾向。但是,这所学校提供了一种以人文主义和民主主义为基础的另一种思想蓝图。后现代主义为权力机制的瓦解提供了工具,但并不为任何意识形态的彻底瓦解提供了工具。因此,这所学校并非处于意识形态真空状态。

学校处在一些更中立的教学方式之间的张力中,例如马斯洛和罗杰斯的方法,它们强调孩子的中心地位、他们情感发展的重要性、培养自我形象和自我接受,以及主张以弗莱雷和吉鲁(Giroux)的精神进行更具政治性和战斗性的政治论述的理论。内夫沙洛姆小学提供的折中方案基于两条主线:首先,冲突作为有效学习的方法不适合这些年幼的孩子,这种学习方式可能更适合青少年和已经形成身份认同的成年人。学校为这种潜在的接触提供了一个准备阶段,使积极的多元文化交流成为可能,强调民族和文化认同并接受对方。这种方法不仅基于对参与者民族性的考虑,还基于对他们不同发展阶段的考虑。随着在内夫沙洛姆建立初中和高中,我相信其中的学习模式可能会更接近村里的和平学校。

在减轻好战和批判倾向方面同样重要的第二条轴线是父母所在的社区。对于犹太人的父母,尤其是那些不住在村子里的父母来说,他们的宽容程度是有限的,他们对犹太社会的象征和风气进行了有时过于严厉的批评。值得记住的是对于许多犹太父母来说,他们选择内夫沙洛姆学校,是对一所好学校的选择,也是对这所学校背后多元民主意识形态的认同。学校的老师担心如果人们认为教育过于激进，父母可能会让孩子退学。

访问 MB（一位犹太母亲）

我们住在祖尔哈达萨(Zur Hadassah)，耶路撒冷附近的一个郊区小镇。我们曾经住在耶路撒冷。这是我们的孩子在内夫沙洛姆学校学习的第三年。我们不希望我们的孩子在祖尔哈达萨学习。我们听说了内夫沙洛姆，我们的倾向是在这一所和另一所刚在祖尔哈达萨开设的学校之间做选择，去祖尔哈达萨上学学生可以步行。从祖尔哈达萨到内夫沙洛姆的行程大约需要半小时。但是，如果你想要在祖尔哈达萨以外的地方接受高质量的教育，那么无论如何我们的女儿都必须乘车上学。我相信还有其他家长也选择祖尔哈达萨作为当地普通学校的替代品。如今，祖尔哈达萨的学校正在发展和完善，离家近的优势更加显著。

当我们住在耶路撒冷时，孩子们上了一所普通学校。每个班级限制在四十名学生。除此之外，内夫沙洛姆学校的意识形态与我们的方法相匹配。小班授课和创新学习的良好条件与其他学校完全不同。自然课上，学生们绕着我们居住的耶路撒冷附近的皮兹卡泽夫社区(Pisgat Ze'ev)走一圈，但从中得不到任何东西。没有什么可看的，甚至连一片树叶都没有。我们也有搬出耶路撒冷的实际原因。

孩子们在这里遇到了另一个族群的孩子们。他们听说其他的节日并了解其他文化，了解生活在这个国家的其他人。他们了解到"阿拉伯人"不仅仅是一个概念，而是真实的人。这为他们建立起价值观。这些对我们来说仅仅是理论层面的。阿拉伯孩子和犹太孩子在下午一起玩耍，尽管距离是一个问题。我女儿和犹太女孩见面的次数更多，因为虽然有联合活动，但距离发挥了优势。同样的事情也适用于住在很远的地方的犹太女孩。每隔几个月，他们就会在周六或假期见面,但通常他们会和住得离我们更近的孩子们一起出去玩。

他们从在这里的第一天起就与因提法达(Intifada)相联系。他们与孩子们交谈,并向父母发送阅读材料和信件。孩子们学会了谈论他们的感受。如今,这种情况开始成为一种惯例——也许这是一件坏事。最初,以色列阿拉伯人卷入这些事件时是很困难的。我们相当担心对这些事情的解释缺乏平衡。例如,有人声称我们的士兵无故开枪。但总的来说,孩子们处理这些问题更简单。

据我所知,最近没有犹太父母带孩子离开学校。因提法达实际上使人们在学校内变得亲密起来。今年我们在六年级班上遇到了一些问题,但这个班级已经有几年的社会问题了。班级里几乎没有来自内夫沙洛姆社区的孩子了,很多犹太孩子离开了学校。

有时孩子决定离开。有时孩子们有来自他们家乡的朋友,他们更容易见面。还有一个社交层面的原因,即来自同一地区的孩子们更容易成为朋友。

最近,在为犹太和阿拉伯孩子举办的一次全国夏令营中,有大量孩子来自全国各地,其中包括内夫沙洛姆的一些参与者。我们看到这个地方已经有了一些影响。内夫沙洛姆的孩子们之间有一种难以置信的团结感。他们已经成为一个团结的阿拉伯人和犹太人群体。其他所有群体都是作为单一民族群体到来的,而内夫沙洛姆的巨大融合真的很突出。

这所学校在学术方面被认为是一个很出色的学校。孩子们可以在完成六年级后,进入任何他们心仪的学校。

我认为送孩子上这所学校的父母都是左翼,但他们有不同的倾向。你可以在这里遇到各种各样的人。很多父母都拥有本科及以上学历(她和她的丈夫都在有声望的行业工作)。如果你决定让你的孩子去这样的学校,你必须有某种意识。

阿拉伯父母肯定有很高的政治和文化意识。尽管也有一些不富裕的父母将孩子送到这里,但并不是该地区的每个人都会上这所学校。

父母没有很多机会见到其他犹太父母或其他民族群体,只因为我们都处在日常斗争中。

此次有代表性的采访说明了许多将孩子送到内夫沙洛姆学校的犹太(和阿拉伯)父母的倾向和动机。这所学校是众多选择之一——家园和花园社区的犹太学校(Tali Bayit Vagan)、彩虹(Keshet)学校(如下所述)、实验学校(the Experimental School)等。对于内夫沙洛姆的员工、校长和居民来说,暂时没有其他选择。无论好坏,在冲突中求生是最终的选择。来自附近和远方的犹太父母选择这所学校是因为它是一所公认的好学校,是私人的、有人文主义色彩的学校,即使他们对学校基于解放和斗争的教学法过于激进有些担忧。没有这些孩子,学校就无法实际存在,因此在讨论复杂和有争议的问题时,学校有责任去考虑到父母们的潜在反应。

相应地,孩子的年龄和父母的立场这两个因素缓和了学校的批判性信息并强化了其人文、民主和普世的信息。学校培养孩子们的同理心和理解力。他们将另一方视为人,并在一种令人惊讶的程度上调整了他们对另一方的抽象立场。有时孩子们甚至会影响他们的父母。

语言与平等

总的来说,对于内夫沙洛姆的阿拉伯成员和学校来说,最痛苦的问题之一是使用同一种语言。在村里或学校里促进平等没有问题，任命比犹太人更多的阿拉伯人担任关键职位是可能的，但很难激励犹太人学习去讲两种语言。对于来自内夫沙洛姆各个社区的参与者来说，实现这种转变所需的努力似乎是非常难的。虽然学校从建立开始就是双语学校，但毫无疑问，希伯来语是更实用和占主导地位的语言。在这方面，学校反映了以色列社会更广泛的现实。

希伯来语是以色列的主要语言，它保证了社会和工作场所的进步、教育和融合。高水平的希伯来语，辅以良好的英语和计算机的应用能力，是经济成功的基本工具。阿拉伯语目前不被视为社会经济成功的重要工具（尽管在未来，在和平条件下区域市场开放的情景中，这种情况可能会改变）。英语还反映了以色列人对西方文化的倾向，他们认为西方文化相对阿拉伯文化与自身更相关、关系更密切。

相比之下，阿拉伯方面非常重视希伯来语和英语学习——和犹太人一样，如果要在一个经济开放并与西方联系的社会中工作和生活，阿拉伯人就需要这些语言。阿拉伯人在讲希伯来语的环境中获得力量，例如在大学里。他们用希伯来语或英语写博士论文，并通过与西方的接触而改变。他们通常没有将阿拉伯语作为追求成功的工具的实际需求。

内夫沙洛姆的许多阿拉伯人担心阿拉伯语的地位下降，反对将希伯来语引入他们的语言。他们将自己的语言视为受到威胁的文化资产。他们的困境让人想起加利福尼亚州讲西班牙语人口的情况，他们提倡双语教育并强调保护其语言的作用，以此保护其身份、遗产和文化。然而，有许多人反对这一趋势，包括拉丁裔社区的成员。著名教师埃斯卡兰特（Escalante）成功地让来自加州一个贫困社区的一大群拉丁裔青年在数学方面达到了很高的水平，[16]他公开反对双语教育，认为这阻碍了年轻人通过英语获得知识，从而导致他们无法融入社会。他声称，最好以失去母语为代价,全面了解英语和科学知识,以从中获得潜在力量。[17]

戴安娜认为语言问题是学校面临的最重要、最困难的挑战之一。

戴安娜

如果以色列当局争辩说阿拉伯语足够重要,因为我们是中东的一部分,必须考虑到这个国家少数的使用阿拉伯语的群体,那么阿拉伯语将成为所有学校的合法科目,因此将发生改变。

我们正在谈论的是在大的文化背景下学习阿拉伯语,因为不能单靠学校来创造变化。孩子们是外部现实的一部分,这并不能为学习阿拉伯语提供足够的激励。阿拉伯父母也非常关心学校是否能为他们的孩子提供在竞争激烈的社会中生存的工具。这是一个问题。

目前寻找帮助阿拉伯人热爱阿拉伯语并继续使用的方法正在研究中。以色列的阿拉伯人正在慢慢内化这样一个事实,即只有通过使用希伯来语,他们才能取得成功。我用阿拉伯语无法在大学里生存——甚至是阿拉伯语教学也通过希伯来语进行。这很荒谬,但很遗憾,事情就是这样。

世界上有许多双语教育模式,例如西班牙语和法语使用者的模式。所有模式都强调需要为少数民族文化和语言投入70%甚至更多。

由于犹太—阿拉伯学校的复杂性质,到目前为止,我们还没有内化西方世界的观念。我们仍然无法在低年级将90%的时间用于阿拉伯语,甚至不能像国外一些强调少数民族语言的学校那样投入70%。我们这里一半一半,即使这样也很困难,因为阿拉伯语老师将他所说的翻译成希伯来语。学生们听到的希伯来语多于阿拉伯语。这一点必须迅速改变。

如果犹太教师会说两种语言,我们就可以启动变革的过程。这是问题的一部分。另一部分是阿拉伯教师的态度。他们真的相信阿拉伯语值得尊重并且可以与希伯来语一起使用吗？我认为这是一个我们都应该经历的过程。如果我对自己的身份有信心并为自己的身份关系感到自豪,我会毫不犹豫地培养我的母语。

教职员室的讨论

阿拉伯老师

问题之一是语言上的平等。最懂阿拉伯语的犹太人比最不懂希伯来语的阿拉伯人懂得还少(他指的是老师)。

犹太教师

一些阿拉伯教师很生气,因为员工讨论和其他活动是用希伯来语进行的,这一点让人不适。语言主题可以成为冲突的永久根源。

波阿斯

在语言方面没有平等。到目前为止,我们一直致力于实现50∶50平等的想法。但美国的双语学校(西班牙语和英语)的经验表明,需要30%和70%,有时甚至更大的差距才可行。我们还是不能进行这样的划分,因为对于从内夫沙洛姆和其他地方来到这里的犹太人来说,即使是50%也被视为一种妥协,家长们只要有困扰就给学校打电话。父母现在正在经历一个过程,以防止我们失去"客户"。最初,在学校还比较小的时候,我们可能会说阿拉伯语,但现在很难引入这个过程。这就是为什么我们很难找到同等数量的犹太教师和阿拉伯教师。也许在未来我们会采用漏斗模式，一开始使用 90% 的阿拉伯语，然后慢慢达到高年级使用 50%。但这会改变教职工的准备工作和语言之间的平衡。这里有一个我们暂且可以应付的问题就是要解雇教师。我自己的经验表明，即使有更多的阿拉伯老师，犹太人也不一定会提高他们的阿拉伯语水平。我们需要开发一个能够满足这种需求的机制。

戴安娜

由于因提法达，气氛最近变得更加艰难，但事实其实一直都是这样。我们生于冲突中。很容易说，"不是我，是他们"。语言是一个重要因素。阿拉伯父母、老师和我都懂两种语言，但犹太人的情况不同，所以就已经有了差距。我们需要改变现状来缩小差距，以促进平等。我们在这方面还没有成功。犹太教师学习了阿拉伯语，并在课堂上使用了一点。教师使用阿拉伯语工作很重要，因为他们为孩子们树立了榜样。

在阿拉伯语教科书方面我们也遇到了问题。教科书太无聊了，我几乎要把它们扔掉了。但是老师们仍然觉得他们需要教科书。学生们知道如何用阿拉伯语读写，但不会开口说这种语言。最近我们改变了方式：学生用希伯来语写作，说阿拉伯语，然后他们对学习阿拉伯语更感兴趣了。这种方法是有争议的，但在过去的两年里，犹太孩子们喜欢上了阿拉伯语。下一个问题是如何帮助阿拉伯教师少说希伯来语，少翻译他们所说的内容。我们正在努力研究如何在语言领域实现平等。

前面的问题涉及了集体教育与个人之间的紧张关系，教育方向由父母和孩子的年龄决定。然而，在语言问题上，主要的考虑是父母的立场。要求的性质取决于提出要求的人的立场和观点。遗憾的是，作为一个没有花时间学习阿拉伯语的人，看到孩子们一起玩耍，阿拉伯人说阿拉伯语，而犹太孩子用希伯来语或用两种语言混在一起回答，我印象颇为深刻。阿拉伯语是内夫沙洛姆的一种实用语言，尽管它不像阿拉伯一方观察者所希望的那样实用。

日记

学校的一天又结束了。孩子们用希伯来语和阿拉伯语喊叫着。很快，学校就会人去楼空。一些工作人员在秘书办公室举行座谈会，然后走去教职员工室，会谈用阿拉伯语进行。一名犹太儿童在秘书办公室等候，目前还不清楚他是否会乘坐校车。他从戴安娜和波阿斯的办公室给他的父母打电话，告诉他们他摔倒了，但"看起来没事儿"。他的妈妈叫他回家。秘书用阿拉伯语跟他说话。他似乎都能听明白并用希伯来语回答。我去了教职员工室。空调在炎热的天气里没有太大的作用。老师们看了我一会儿，然后继续他们的谈话。

现在来总结一下语言的问题。在我看来，与以色列社会的通常情况相比，阿拉伯语是一种缺席且没有代表性的语言，内夫沙洛姆渴望平等，渴望两种语言被适当和平等地使用。然而，由于学习过程不仅发生在学校内，而且发生在校外，教育贯穿在一个人的全部经历中（Harrington, 1979）。尽管学校设法改善了情况并力争让阿拉伯语处于有尊严的地位，但无法仅仅指望学校就能完全改变语言的地位。吸取世界各地双语学校的经验教训，对课程进行谨慎的修改，应当能有助于提高犹太学生的阿拉伯语水平。如果仅从经济和功利主义的角度来看，该地区的政治变化也可能使阿拉伯语更具吸引力。[18]

内夫沙洛姆的老师们

从对波阿斯和戴安娜的采访中可以看出,理想的老师是具有高度自我意识的人,具有政治意识、创造力、高情商和在不确定中采取行动的能力。然而,在任何教育体系中我们都无法找到一个完美的老师。总有一些不够理想的因素。正如在内夫沙洛姆,两种语言间的平等只是实现了一部分的愿望,让教师们理解这一想法也不容易。

戴安娜

学校从某一点开始发展。我们聘请了解决实际问题的老师,但我们也聘请了因为没有更好的选择而不得不接受的老师。他们花了很长时间才安顿下来。他们来到我们这儿可能是因为在别处找不到工作。其中一些人在被录用后努力工作,并做出改变。

我们需要非常有创造力和思想开放的人,愿意接受改变和被改变。大约有一半的老师是这样的,但如果你没有政治意识,很难在这里教书,因为我们重视这个维度。老师们必须知道在教学中要给孩子们教什么,以及哪些东西要有所保留,因为每天都有事情发生。我们教授时事以及如何应对当前局势。我们给孩子们练习帮助他们表达自己的感受,培养倾听和生活在复杂现实中的能力。

我们未能就如何应对学校复杂的工作给老师们提供适当的培训,这令他们失望,因为没有其他地方可以培训教师以实现我们的目标。他们需要每周至少一次重要的经验。虽然我们在周日有一个约半小时的重要的员工会议,但会议中总有很多日常问题需要讨论,没有足够的时间进行反思及举行适当的培训。然而,老师们非常敏感,他们尽最大努力满足学校的复杂要求。有些无形的东西将教师与学校联系在一起。他们在这里的工作影响了他们的灵魂,提高了他们的自尊:"我是内夫沙洛姆的老师。"他们在这里的工作经历教会他们从不同的角度看待生活中的问题,而不是想当然,因此他们可以看到教育工作中的不同方面。老师们吸收了这一点,但有时缺乏实现它的工具。

一年来,我观察了老师们在学校、工作坊和课堂上的工作,并采访了他们中的几位。我相信他们中大多数人都是出于使命感而努力达到高标准的教学。大多数教师都经历着自我变化,尽管并不总是能了解到每个教师所处的特定阶段。由于文化差异造成的一些敏感问题,内夫沙洛姆学校的工作比普通学校更复杂。校长可能很难接受一些教师才刚开始接触政治问题和共存问题。然而,通过工作坊、鼓励讨论、共同反思和类似的机会,我们做出了真正的努力,使这些教师能够在变化中达到更复杂的阶段。

我相信有些老师除了内夫沙洛姆学校之外无法在任何地方教书。这些教师求知欲强、思想性强,他们相信在这样有使命感的学校工作,弥补了教师职业地位低和工资低的不足。

结 论

戴安娜

尽管在追求卓越和获得成就方面存在一些困难,但越来越多的阿拉伯父母表示学校强调培养孩子的个性,这对他们来说非常重要。一位母亲告诉我:"我知道学校不那么强调成绩,我更关心的是我的孩子们感到自信并知道如何表达自己。你培养他们的个性,这样他们才能在生活中获得力量。"

如果孩子对自己的身份和文化传统有信心,如果我们能够教他们接受别人的不同并克服障碍,如果我们能够为孩子提供符合他们学习风格的教育体验——那么我们就在内夫沙洛姆和瓦哈特·萨拉姆完成了我们的任务。

日记:学生来访

我们坐在一个舒适的房间里,可以看到壮观的景色。学生和老师们观察课堂上的活动,现在戴安娜正在和他们进行总结性讨论。她强调平等和语言的问题。时不时就有学生问一个问题。讨论已经进行了四个小时,但学生们似乎仍然对戴安娜的解释很感兴趣。许多学生不习惯会见担任关键职位、有权力的阿拉伯人。他们中的大多数人可能不会将内夫沙洛姆视为自己孩子的选择,但从他们的问题能看出,他们非常钦佩学校在教育和意识形态方面的投入。

波阿斯做了开场演讲,一天结束后,他们见了戴安娜。我看到马里(Mali 化名)非常激动。后来她走到我面前说:"波阿斯所说的话(他谈到了他儿子汤姆的死)让我非常感动。我上前告诉他我也有同感,因为我也有一个在那场战争中阵亡的叔叔。我哭了,他也开始哭了。我们在那里站了几分钟。然后我告诉他,虽然我不接受这所学校的定位——因为我是一个来自不同背景的人,米兹拉希人,有宗教信仰,倾向右翼——我仍然理解你在这里做的事。"

波阿斯

在这个恐怖袭击的时代,一个孩子从正规教育体系来到这里,告诉我们他的母亲命令他学前班结束后尽快回家,否则阿拉伯人会抓住他。在内夫沙洛姆有冲突和战争的意识，但这里的学生可以去找班主任谈论恐怖袭击。这是真实发生的。孩子问阿拉伯班主任："你是恐怖分子吗？"虽然她很年轻，很容易被这个问题冒犯，但这所学校的典型特征是她将此作为对孩子进行教育的机会（男孩的父亲是一名残疾退伍军人）。这很棒。这样的孩子会验证自己的假设：恐怖分子是巴勒斯坦人，你是阿拉伯人，也许还是巴勒斯坦人，所以你是恐怖分子吗？这听起来很合乎逻辑。你可以在课堂上进行讨论，孩子们可能会怀疑并主动搜查她的包。但即便如此，他还是觉得有些巴勒斯坦人是可以百分百信任的。这在他的生活中是具体的——不仅仅是"他们不都是那样"的模糊陈述。

内夫沙洛姆不是以色列社会的自然组成部分。以色列社会的自然状况是不平等的，有种族主义和压迫。值得注意的是，有人愿意建立一个与以色列主导精神截然不同的社区，因为总体氛围和环境存在许多困难。在以色列有许多组织鼓励共存和相互接触，但没有第二个这样的学校社区，成员们选择共同生活和对抗冲突，而不仅仅是谈论它们。[19]

内夫沙洛姆提供了一个体系，参与者可以在其中对自己的价值观进行不断的调整。因为这样的实验没有先例，参与者通过反复试错、自我检查、从经验中学习以及在变化的世界中行动来创建模型。学校希望员工最终会成功，积极主动，并为学校创建替代课程。这样的课程借鉴了村庄和在和平学校累积的经验，也借鉴了参与者，尤其是工作人员和孩子们的个人叙述。

该课程具有创新性和革命性。教育部没有提出如何同时庆祝独立日和纪念纳克巴（Naqba）灾难日的建议，也没有指导如何在同一所学校庆祝三个不同宗教的节日，或者如何办一所双语学校。

内夫沙洛姆的学校不仅是教孩子们的地方。正如我们看到的,它也是成人向孩子们学习的地方。孩子们令人惊讶的观察力表明了两族学校的教育潜力。孩子们显然经历着一个围绕软性神话的社会化过程,而不是犹太和阿拉伯社会占主导的"硬"神话——随着因提法达的继续,这些神话变得越来越强大。"软性"神话让参与者对自己的民族和文化身份感到自豪,同时不否定其他神话,同时也鼓励参与者成为他者神话中的客人,并且知道这不会威胁到自己的神话。诚然,这种方法并非没有问题,其中大部分是由于成年人在过去所背负的"包袱"。成年参与者不是在内夫沙洛姆这样的地方成长的。过去的积怨有时会使这些神话难以被软化,有时,是孩子们帮助成年人去领会刻板的,咄咄逼人的神话带来的破坏性结果。未来,从内夫沙洛姆的实验中毕业的学生们会有独特的个性和身份,检验他们的各个方面会是很有趣的事情。

如上所述,学校未来希望扩大办学规模,开设初中甚至高中。学校还为在以色列各地实施的类似计划提供咨询,尽管该模式并不能完全以相同的形式复制。从实验状态转变为教育部官方状态以及设立初中,高中,都需要全体工作人员付出巨大努力。希望教育部将这所学校视为学习的榜样,而不仅仅是另外一所同样需要被监管的学校。

内夫沙洛姆的和平学校和小学正在为增进对犹太—阿拉伯冲突的理解做出重要贡献——这种理解创造了应对和改变冲突的可能性。然而,这两所学校之间存在差异。和平学校采用来自群体心理学领域的西方工具,特别是应对身份、少数族裔和种族主义问题相关的工具,而小学则根据一种让人想到"地中海启蒙(Mediterranean Enlightenment)"愿景的务实哲学来运作。奥哈纳(Ohana)用"地中海启蒙"一词来指代一些思想家,如加缪、迈密(Memi)、本·杰隆(Ben Jelloun)和马赫福兹(Mahfouz)的术语。奥哈纳将"地中海启蒙"定义为一种旨在实现"人类普遍化的想法,尽管人类拥有无数面孔,但仍形成了人类大家庭"。

在地中海背景下,这种理想超越了由智力、意识形态布道和哲学复杂性所定义的抽象启蒙。那些怀揣这一理想的人通过文化之间的对话,通过与不同而陌生的他者联系,将温暖和直接的接触内化了。[20]

换句话说,在小学,对孩子们的持续教育,内容不再是关于接触主题的抽象化哲学和理论,而是发展一种实用而简单的哲学,旨在解决学生提出的幼稚但相关的问题。学校里大人和孩子之间的对话类型类似于本·杰隆和他女儿在《向女儿解释种族主义》(*Racism Explained to My Daughter*,1998)中直言不讳的对话。[21]

在威胁以色列社会的所有分歧中,犹太人和阿拉伯人之间的民族裂痕似乎是最严酷和危险的。鼓舞人心的是,尽管困难重重,但在苦难和仇恨的种子还没有萌芽之前就有一些人愿意在基层认真地从事教育工作。毫无疑问,这所学校因其勇气和创新而引起了国际关注。教育部已经接纳了这所学校,并开始了发放正式许可的过程。教育部将学校视为学习的典范和基地。教育体系可以产生影响。教师应该了解犹太—阿拉伯争端的起源,犹太学生应该更多地了解生活在以色列的阿拉伯少数民族。作为未来的教师,重要的是他们访问内夫沙洛姆并解决学校教育活动提出的问题。这并不意味着每个学生在访问内夫沙洛姆后都会改变自己的政治观点。作为社会化的代表,教师在进入教育领域时应该接触不同的学校模式。这样的模式,无论是提出问题、达成共识还是保留意见,都将帮助形成更深刻、更复杂的教学风格——这只会让他们的学生受益,但从长远来看,我们所有人都会受益。

第二章 比亚利克学校（Bialik School）

（一至六年级，大约 270 名学生）

日记

我乘坐舒适的空调巴士前往特拉维夫。学校离汽车站步行两分钟。当我离开车站时，我看到有人在有目的地行走，而其他人似乎漫无目的地徘徊。有些人睡在长凳上。商店橱窗上有俄语和其他语言的标志。附近的酒吧为结束一天辛苦工作的工人们提供片刻的放松，附近的妓院也是如此，这些妓院使妇女们处于一种被以色列法律忽视的奴役状态。

我走在街上，听着各种各样的语言，看着各种肤色和国籍的人们——这是希伯来大都市中的一个陌生城市。

负担不起迁出费用的以色列本地人一直住在特拉维夫中央汽车站的附近。在一段时间里，他们坚信一种观点，即新汽车站这个巨大的、华而不实的项目会使该地区复苏，从而导致房地产价值上升。

失落感和被忽视感从覆盖着污垢的建筑物中渗出。

其他居民也加入该地区的当地人中：刚刚抵达以色列，面临着经济困难的新以色列人，成千上万的移民劳工和一些巴勒斯坦"合作者"。他们是以色列阻止巴勒斯坦人前来务工的这场争端的受害者，这进而使得世界各地的移民劳工来到以色列,成为廉价劳动力的替代来源。这在以色列造成了一个社会问题,并随着岁月的流逝日益恶化。

我走向一所学校,它在这片疏离的海洋中提供了一丝温暖,并试图弥合不同人群之间的鸿沟。门口的门卫还没有认出我来,但犹豫地允许我进去。

我在课间休息时到达。来自世界各地的孩子们在一起玩耍。我没有看到任何暴力或欺凌的痕迹。我注意到不同年龄的孩子们在一起玩耍,男孩和女孩之间的互动程度相对较高。孩子们玩耍的声音有时能盖过繁忙街道上的噪音。

学校校长阿米拉·雅哈鲁姆(Amira Yahalom)正在她的办公室等我。她穿着优雅,经常微笑。[1]

阿米拉让这所学校有了今天的样子。学校随着社区的变化而变化。政府没有决定把学校定位成一所为外来务工人员子女开设的学校,但这些家长们来到学校,给他们的孩子注册,渐渐地,这部分孩子成了学生中的大多数。阿米拉接任校长后,教育部考虑更换全部或部分的教师,以反映正在发生的变化。然而,更换教师并不符合阿米拉的教育理念。她认为,"应该给教育工作者一个机会,让他们在专业性和支持性的帮助下证明自己"。对一些老师来说,改变的过程对他们个人来说是痛苦的。在这里没有一名教师被解雇,这反映了一种信念,即每一个教育工作者都可以学会以不同的方式开展教学和工作。"改变必须来自内部"的教学观念便在学校里应时而生了。

温暖和接纳

阿米拉和她领导的员工认为,教师必须在情感领域精工细作。在每节课上,老师都严格注意,确保为那些几乎无家可归的孩子们提供一个像家一样的氛围。比亚利克学校的学生家长们起早贪黑地努力工作，来自单亲家庭的学生比例很大。贫困现象普遍存在，教师们常常发现自己同时扮演着父母的角色。

他们的情感接受要求很高，作为回应，孩子向老师倾注了爱和关注，我在其他学校很少看到这种交流。

日记

　　课间休息时，我在学校里走动，观察教室里的活动。有些孩子喜欢在课间休息时留在教室里。他们中的一些人在黑板上画画。在五年级的课堂上，一个罗马尼亚女孩在黑板上画着复杂的几何图案。S，一个来自杰宁(Jenin)的巴勒斯坦女孩，给她的老师写了一封有爱的感谢信："给G，谢谢你教给我的东西。"

　　两个女孩都告诉我，她们爱她们的G老师，也爱前一年教她们的S老师（尽管其中一个补充说S以前经常大喊大叫）。

　　教师休息室的壁橱里装满了老师们从家里带过来的旧衣服。两个女孩走进教工室，翻看衣服，从堆得整整齐齐的衣服中挑选。她们在教师休息室的行为就像孩子们在自己家一样。当她们离开时，一位老师想起她有一幅窗帘想要捐赠。一些组织也向学校捐赠了衣服。

　　六年级的D老师沿着走廊走，我跟着她。她遇到了P，一个一年级的小女孩。P非常激动和愤怒，D试图找出原因。原来是邻居的孩子之间发生了争执。D把P带到她的老师那里讨论发生了什么，P在和老师谈话时平静了一些。她提到她的母亲住院了，她的老师很关心："那谁来照顾你？"当我后来见到阿米拉时，我提到了我对老师们在学生问题上的参与程度感到惊讶，有时这些事情甚至超出了他们的职责范围。

阿米拉

　　这里的老师认识每一位学生，但不可能对发生的每件事都了如指掌。我们不知道女孩的母亲住院了，所以我们不明白为什么她的状况会如此糟糕，这家人的社工来找我们谈话，然后我们意识到发生了什么。这个家庭正在经历严重的危机，最好让P在学校待到下午三点。无论如何我们正在与有关部门联系，我们将共同找到适当的解决办法。

　　这所学校似乎是根据马斯洛的需求层次理论来运作的。[2]马斯洛解释说，如果不解决基本需求：营养、安全、保障和情感反馈，就不可能实现认知和精神领域的成长及自尊和自我实现。学校设法满足这些需要，因为学生家长困难和复杂的社会、经济条件使他们无法承担这一角色。当家长的状况出现问题，而学校又不能满足孩子的生理和情感需求时，孩子受到的伤害是不可逆转的。就像科佐尔（Kozol）[3]在《野蛮的不平等：美国学校里的孩子》中用生动有力的术语描述的那样。科佐尔认为，不平等的教育体系无法为儿童提供平等的机会（也许甚至根本不试着这样做），从而使社会差距长期存在。

　　但比亚利克学校的情况并非如此。鉴于该校的人口结构以及普遍存在的不安和绝望氛围，这所学校可能会走向失败。然而，这所学校并没有失败，而是培养了自己的信心，相信自己有能力为这些孩子的生活带来有意义的改变。

日记

　　我和学校的老师N坐在一起。在一群三年级学生的课堂上，她告诉我：

　　我根据每个学生的个人智力和背景来指导他们。在目前的三年级小组中，我仍在努力给学生教授基本的阅读技能。他们面临着文化和环境的差距，但我们给了他们所有人爱。

其中一个孩子发表了我听不见的评论。N问他:"你愿意上来代替我教书吗?"他同意了,N鼓励他。他走到黑板前,写了希伯来字母表的前三个字母,但下一个字母有问题。一些孩子试图帮助他,而另一些孩子则取笑他的错误。老师笑了。她开始教他们希伯来语拼字法,孩子们很乐意参加,他们显然很喜欢这门课。偶尔会有一个孩子说脏话,但其他孩子都不理会,继续干自己的活。N老师问R是不是想要把自己的嘴巴洗洗干净,他陷入沉默,似乎只有他和我听到了这句话。N老师告诉孩子们打开作业本开始写。他们这样做,包括R。她继续上课。

老师G

我们作为一个团队来计划我们的工作,这样老师们就能相互协调。我确保教学材料是多样的,并试图找到其他课程没有使用的特殊方法。我让学生们感到充实,强化他们在过去一周所学到的东西。随着时间的推移,每个人都在以自己的方式取得进步。我们使用广泛的方法和途径来习得语言。

改变和灵活性

个人和人类社会通常在稳定的条件下良好地运转。在比亚利克学校,唯一稳定的因素是员工愿意面对一个不确定的、不同的、不断变化的世界。与内夫沙洛姆学校一样,比亚利克学校的课程必须加以调整,以满足与标准课程适用人群不同的学生的需要。在以色列,还没有人为多元文化的学校准备过课程。学校里的许多孩子都经历过移民危机,有的自己经历过,有的通过父母经历过。移民带来了文化冲击和强烈的不确定性。此外，学校里的许多学生和他们的父母缺乏为移民提供的保护和保障。许多父母被原来的雇主解雇，面临被驱逐出境的威胁。因此，他们以谨慎和怀疑的态度接近当权派。

以色列政府正在采取有力行动以"减少移民劳工的问题"。其中一种方法是定位和驱逐劳工。与此同时，以色列是有关儿童权利各项公约的签署国，这些公约要求将儿童的地位与父母的地位完全分开，并要求满足儿童的基本需要，例如保护、教育、安全等。这所学校忠于自己的意识形态，以同样的标准运作，拒绝接受在半夜没有事先警告的情况下将家庭及其孩子驱逐出境的做法。

阿米拉和学校的老师们在改变的过程中必须保持耐心。正如阿米拉指出的那样，他们必须意识到学校的多元文化现实：

> 如果你内心不够灵活，你必须培养这种能力。教师们需要社会工作者和心理学家的大力支持。我觉得普通的教育体系并不总是意识到教育工作者有这些需求。

我问阿米拉是否觉得比亚利克学校与其他鼓励跨文化接触的学校相似。阿米拉觉得内夫沙洛姆的学校以及科谢特学校的老师们在做有趣的工作，虽然他们的条件让她称他们为"实验室"。她同意比亚利克学校与他们的相似性，因为他们创造了一种跨文化的接触，但她觉得比亚利克学校所处的社会条件更加苛刻。她说她已经欣然接受了"修复"的意识形态，即我为了描述以这种精神运作的学校提出的一种概念。近年来，阿米拉一直在各种体系下研究犹太文本，从多元视角审视犹太身份，并在犹太文本和传统中发现了对"修复"的支持，在犹太传统中，叫作"Tikkun"。

学校随着周围现实的变化而发展。基于学校想要满足学生各种各样的、不断变化的需求的愿望,阿米拉和学校的老师们似乎已经开发出了灵活的响应机制以扩展学校的定义。学校不仅仅是一个学生每天学习几个小时,然后回家让父母继续照顾的地方,这所学校承担以色列学校常规职责范畴之外的各个领域的责任。阿米拉富有魅力的个性似乎帮助她与外部机构建立了积极的联系,这些机构同意以不同的方式帮助学校。她的认知灵活性也使其他人能够为孩子们面临的各种问题找到创造性的解决方案。

阿米拉

下周,我们将在晚上向家长介绍我们的活动小组。附近有一个社区中心,我向社区负责人建议,他应该努力鼓励社区使用中心的设施。虽然花了一些时间,但现在孩子们已经熟悉了这个中心,知道它离他们的家不远,也不难到达。

家长们还为孩子们报名参加活动小组。社区中心是有补贴的,但家长还是要再付一些钱。父母意识到这对他们的孩子很重要。社区中心有一个晚上开放的图书馆。家长和孩子们都不知道图书馆的事。我们尝试了所有可能的方法来推广,现在他们知道了,并来到这里,即使那些外来劳工和阿拉伯人不想引人注目,他们基本不去与当权者有关的地方。我们通过发出强有力的、毫不妥协的声音来做到这一点:我们接受你们,因为你们是人类。只有在相互信任的气氛中,他们才能来这里接受帮助。

对国家机构的一个常见批评是它们未能整合资源。阿米拉看到了在各机构之间建立互助网络的巨大潜在价值。她把孩子们带到社区中心,这是一个学校作为一个成功项目的一部分。她和中心的工作人员一起,为所有孩子开发了一个活动小组补贴模式。尽管有补贴，家长们还是愿意为她提供的东西支付几十谢克尔。更重要的是，家长和孩子们已经把社区中心视为一个友好的、像家一样的地方，从而帮助它实现其所宣称的使命。这些活动使比亚利克学校成为一所成功的社区学校，因为它与周围社区集中了资源。这种方法使学校被视为更广泛的公共体系的一部分，并将儿童置于中心位置，承认学生正受到周围发生的事情的直接和间接影响。[4] 我们意识到，弱势群体有时无法帮助他们的孩子，不是因为社区缺乏资源，而是他们不知道如何利用资源。比亚利克学校似乎成功地弥合了这一知识鸿沟，即使是在害怕接触当权派的人群中。

教师与变革进程

如上所述，比亚利克学校的教师没有接受过有关在多元文化学校工作的任何特殊培训。大多数老师在阿米拉接任校长之前就已经在学校工作了。他们所经历的变革过程是复杂而艰难的，这要求他们适应一种"内部灵活性"。阿米拉的个人魅力告诉他们这个任务是可以完成的，她不仅说到内部灵活性的必要性，而且还在她的所有行动中体现了这一点。内部灵活性已经成为学校风气的核心部分，让大多数老师为其感到困扰。

一位老师

我们有一个符合教育部标准的二年级班级，以及另一组尚未掌握基本阅读技能的学生。他们仍然存在语言问题。当我还在师范学院的时候，他们告诉我一年级的结束意味着学生掌握阅读能力！但在这里不是这样的。我们努力让自己适应每一个学生，直到六年级结束，这样他们将来就能在特拉维夫最好的初中取得成功。

另一位老师

起初我觉得事情很难,但现在我适应了变化。我们遵循教育部的课程,但不盲目。不幸的是,校外的人并不总是了解我们独特的问题和特点。

在与老师们的讨论中,我发现他们中的许多人都与阿米拉的教育和人文思想有共鸣。她的影响明显体现在用语言表达的想法中,以及故事的使用和对叙事的重视。学校文化显然深受她的领导影响。作为一名文化领袖,她的故事结合了自传式的评论和从专业及理论知识中汲取的人类观察(Gibton,2001)。许多老师都采用了类似的讲故事风格。阿米拉和老师们的专业话语中有着丰富的个人叙述和来自该领域的案例。

一位老师(第一年入职)

阿米拉非常热情。"这是你的家,"她告诉我。我在其他地方没有这种感觉。这种联系也有感性的一面,因为我自己就来自附近。我出生在夏皮拉社区(Shapira),只有一公里远。周遭的环境并没有太大的变化。我在学校的经历和这里的学生很相似。我已经四十多岁了,从七岁到十岁一直住在这里,即使在那时,移民也来到了这个社区。我的经历和这里的学生当然不同,但在某些方面非常相似,除了强势的西方文化,这里还有多种文化。我觉得他们有和我一样的经历——从自卑的立场出发,努力去应付西方世界。我可以说这些,我感到他们面对西方世界缺乏理解和知识。他们因自卑感到痛苦,尽管他们自己有丰富而有趣的文化。

学校和课程

内夫沙洛姆的小学被迫面对一种情况,即适合该学校的课程体系的缺失。类似地，比亚利克学校也必须面对为多元文化学校设计的课程体系的缺失。

学校提出的许多问题都与社会化领域有关。以色列的公共教育体系的努力在不同程度上取得了成功——"教育"公民认同国家和犹太复国主义理想，支持民主思想，并了解犹太人的权威文本。《圣经》被认为是一本将犹太人与其传统紧密联系在一起的书——它不一定是一本与信仰有关的书，但它提出了一个新兴社会所特有的问题、主题和困境。《圣经》是教育部课程的重要科目，在入学考试中废除这一科的建议引起了轩然大波。

在比亚利克学校，对《圣经》等权威文本的学习经历了一场革命。这样做的原因并不是教师们对后现代主义的突然热情，而是出自一种直观的认识，即圣经研究的"常规"模式不适合一所包含如此多传统的学校，其中一些传统还是相互矛盾的。

日记

老师的评价

- 这里有广泛的文化。你不能教他们《圣经》本身，你身处多种文化中。在历史和文学中也总是有更广泛的分支。

- 在地理课上，每个学生都了解他们同学的国家和文化。学习的过程是相互的。

- 我从教科书中汲取主要思想。我把《圣经》比作失落的玛雅文化——这里有很多来自拉丁美洲的孩子。我给他们看了一部电影，这部电影提出了一些有趣的主题，这些主题与从人类历史上消失的民族有关，我们也在我们的文化中找到了这些主题，比如残忍、血腥的文化。在拉丁美洲文化中，他们牺牲囚犯。《圣经》中也充满了血腥的故事。我想知道我应该审查哪些部分……我把历史和圣经研究结合起来。起初他们不明白发生了什么，但最终他们明白了。

从希腊和罗马,我选择了与民主有关的主题。必要时,我也学习和教授远东文化。研究项目就是这样发展起来的。

- 我们如何教授妥拉?我们并不总是拘泥于故事本身,而是寻找在其他宗教中也存在的普遍主题。我教所有宗教中的创世故事,包括科学的。这样,每个人都可以建立自己的角落,即使他们不接受普遍的方式。然后孩子们回家告诉父母他们在学校学到的东西,并听到来自自己信仰的故事,这样也就有了家庭内部对话的元素。

- 国家宗教党高级代表访问学校,询问我们如何教授妥拉。我告诉他,我们把妥拉作为一本普世之书来呈现。如果我们不能成为国家之光,谁能呢?在我的印象中,我们没有得到他的支持。

在正规的教育体系中,没有任何障碍可以阻止教师为使教材更有意义、更有趣而发挥他们的想象力和创造力。然而,在比亚利克学校,老师们别无选择。他们发现自己处于一种情境中,他们无法充当社会化的代理人,无法复制"优秀的犹太公民",因此他们利用自己对其他文化的知识,将圣经研究转化为文化神话的比较研究。因此,他们从社会化的代理人变成了文化的调解人。

他们作为文化调解人使自己更能从跨学科的角度来研究学校的科目。老师们意识到他们在教"伟大的故事"。学校的文化多样性导致他们发展了一种相对主义的方法,特别是对于以色列犹太文化。这给那些具有特殊立场的人造成了困难,如上文提到的国家宗教党代表。

多元文化、比较和跨学科的方法鼓励教师通过让学生准备研究项目来培养学生的个人学习风格。这些项目使学生能够通过不局限于单一知识领域的研究,对给定领域有更深入的了解。有时几个学生为解决一个中心主题一起做一个共同的项目。

老师

我们正在准备一套综合许多学科的课程——他们称之为综合或建构性学习。这门学科是通过学习建立起来的。我们不知道今年年底的进程——我们只知道我们从哪里开始。我们创建了混合年龄的学习小组,我们也关注孩子们的兴趣。一个小组研究一个给定的系统——可能是人类系统或太阳系统——另一个小组研究人际关系,而第三个小组研究生活与艺术之间的联系。所有这些想法都是学生们提出来的。这些产品是研究的主题,或者是一个单独的项目,甚至是一个基于阅读的报告。从一年级开始,孩子们就可以在学校的计算机实验室里打印他们自己的故事。

相对于普通学校,"我们不知道年底的进程"的说法是相当激进的。默认的假设是,如果他们不知道年底会学到什么,那就意味着老师没有一个固定的课程体系。学校里的老师不是传授知识的管道,学生也不是接受知识的容器。学习以一种结构化的方式进行,并在过程中通过不同参与者之间的互动来发展:这些参与者之间存在着等级关系,但他们也可以互相影响。这是一种"控制论"的知识形式,其特征是整合了个人与所有参与者的主观认知。在基于价值观展开的对话式谈判中,参与者相互适应,尽管依然难以达到一种完美的契合。换句话说,知识有许多面(Keiny, 2002),学校允许围绕知识和现实的概念进行谈判,这是从文化调解的立场和对他者的宽容精神出发的。

比亚利克学校研究小组的另一个特点是他们由各个年龄段的学生组成,这在普通学校是不常见的。尽管在有一些学校里也会有,比如萨德伯里山谷学校(Sudbury Valley School),夏山[5],以及下文将会介绍到的哈代拉的民主学校。混合年龄组在学校生活的社会层面也很成功。阿米拉指出:"我们允许许多混合年龄组的活动,这样他们就知道在休息时间和空闲时间如何表现。如果这在社区行得通,为什么不能在这里行得通呢?"

自尊与文化

总的来说,老师会在孩子们的研究项目和学习过程中鼓励他们。学校的老师抓住每一个机会帮助学生完成每一项任务,这给了他们一种被重视的感觉。孩子们在文化方面有优势。种族中心主义的做法会使这些孩子对自己的文化和遗产感到羞耻,并迫使他们接受主流文化。在这种情况下,孩子们唯一的选择就是坚持自己原有的文化,并对抗性地拒绝霸权文化。在建国初期,以色列国试图培养一种"新以色列人",他们的行为与世俗的犹太复国主义和社会主义的欧洲犹太人保持一致。[6]近年来,在整个以色列社会,尤其是教育界,已经看到一些群体的觉醒,他们觉得自己的声音在伴随着西方犹太复国主义思潮的社会化过程中被忽视了。内夫沙洛姆的学校,下文介绍的科德玛学校,以及沙斯党[7]所建立的教育体系,都可以被认为是对霸权文化的拒绝和寻求另一种声音的表现。

在比亚利克学校,学生群体的人口变化和教师思想的变化构建了多元文化的气质和师生交往的特殊品质。不用说,这些学生不可能也不会经历一个使他们适应犹太复国主义或以色列化的社会化过程,因为一个脱离犹太教的以色列民族认知还没有出现。每个学生都为自己的传统感到自豪,老师们尊重每一种传统,并感谢学生们提供了学习他们文化的机会。在学校里,没有什么文化被认为是优越的。

语言领域是另一个值得骄傲的地方。教师在用希伯来语解释一个特定的点时经常遇到困难,因为一些学生还没有达到足够的语言技能水平。在这种情况下,老师会叫一个学生做翻译,在俄语、英语、西班牙语或任何其他语言中寻找类似或相同的词。孩子们非常自豪能够"教老师",并喜欢在共同的学习过程中扮演积极的角色。

日记

老师发练习题。学生们分成小组讨论时间的概念。其中一个孩子不明白这个概念,老师鼓励班上的一个女孩用她的语言解释。这份练习题涉及地理概念。过了一会儿,男孩突然灵机一动,兴奋地开始向老师讲述他的故乡。女孩翻译,老师和全班同学分享这个故事。面对突如其来的关注,小男孩似乎有些尴尬,但他一直很开心,一直笑到下课。下课后,他用西班牙语告诉我,他很惊讶"其他孩子和老师都觉得很有趣"。他在以色列待了两个月了。他的母亲没有居留证——他们是拿的旅游签证。来以色列之前,她在开罗工作过一段时间。

我们坐在阿米拉的办公室里,我对她说了我对 B,一个来自阿根廷的六年级女孩的印象。B 的西班牙语和希伯来语表达能力让人印象深刻。因为她的歌舞天赋,她想在市立学校 A 上学。我问阿米拉,当这个女孩升到 12 年级时会发生什么。

阿米拉

她可能无法参加大学入学考试,因为她没有任何身份证明文件⋯她将不能参加国民服役的训练,不能获得驾照,也不能和班上其他同学一起参军。当她回到她的原籍国,她将面临问题,因为她的西班牙语不会很好(她从一年级开始就在以色列)。她在那里的大学学习也会有问题。以色列应该以荷兰、德国及其他高水平移民国为榜样,想办法让移民入籍。在以色列发生的事情是,从 18 岁起,这个女孩将拥有和她母亲一样的身份——以色列国的非法外国人。

在以色列入籍的唯一途径是根据《回归法》，没有别的办法。在其他国家，移民可以入籍，一旦成为公民，他们就有了归属感。在以色列，即使你是公民，但除非你是犹太人，否则你就没有归属感。

一个疑问

那德鲁兹人呢？外国人融入以色列社会的机会有多大？

阿米拉

德鲁兹人之间通婚，这是他们身份认同的重点。一个德鲁兹人如果娶了一个犹太女人，他可以皈依犹太教，但他将失去与自己的社会和宗教的联系。外国人不能归化以色列社会，以色列仍然没有注意到这个问题。如果以色列有30万无身份的移民劳工，他们应该入籍。但这样他们就可以在以色列议会投票，他们可以控制的投票数量会给他们相当大的权力。家长也将能够影响学校的课程设置。目前，我们以自己认为最好的方式教学。但未来会发生什么呢？我们得开始准备了。我不知道最好的解决方案是什么，但我们需要考虑一下，为未来做计划。我们有责任制定有约束力的政策来解决这些问题。

在另一个采访中

孩子们的问题是缺乏身份认同、无根感和不稳定。我们通过培养孩子们对学校的归属感来尽可能地解决这些问题。这都是移民的产物。外国居民在以色列所生的孩子只收到没有身份证号码的出生证明，但他们觉得自己属于这里。在以色列有一个问题，那就是人们不能属于集体。我们必须问自己这些问题，尽管它们很棘手。我们不能放弃这个话题——这事很紧急。

学校通过尊重学生的文化和语言，教每个人说几句不同的语言来培养学生的自尊。最重要的是，通过学校不同的学习小组，孩子们在共同学习的过程中发挥了积极的作用。但是应当指出，这项政策是临时制定的，没有事先规划。人口问题在学校提出解决方案及其背后的意识形态之前就已经产生了。阿米拉的评论显示了移民问题的复杂性，尤其是作为一个在"旧"犹太复国主义中心地带长大的人。她没有提供明确或简单的解决方案，她强调了非犹太移民在融入一个犹太教和国籍直接相关联的社会时所面临的困难。她以南黎巴嫩军的家属和阿拉伯合作者为例（这两者在以色列的社会地位最成问题），令问题变得尖锐[8;9]。在以色列作为一个犹太国家和以色列作为所有公民的国家之间的紧张关系这一重大问题上，阿米拉的立场似乎相对不确定。这丝毫没有减少她对孩子们的爱。换句话说，她似乎在说："移民劳工的问题不是我造成的，但问题确实存在，既然我要对关照他们的制度负责，我就会尽我所能让他们得到他们应得的一切。"阿米拉为此时此地发生的一切负责，把有关移民及其后果的讨论留给以色列社会的其他人。因此，她在移民问题上采取了一种模糊的立场，同时表现出对移民作为社会公民的始终不渝的奉献——这与以色列社会对待犹太人移民的方式完全相反，尤其是对于俄罗斯犹太人。阿米拉以她的社会主义价值观，按照人文关怀的人权原则特别是儿童人权来行事。如果以色列国遵循西方世界普遍的人口趋势，可以预测她将能够在未来许多年继续在这一领域工作。

学校努力给孩子和他们的父母一种归属感。家长们会收到一本翻译成俄语、西班牙语、阿拉伯语和其他语言的关于学校的解释性小册子。翻译是由教师自己根据实际的文化需求准备的。例如，在俄罗斯，老师不习惯给家长写关于虫子的笔记，所以这一主题在俄语版的小册子中就被省略了。

一位参与翻译准备的老师几年前移民来到以色列，她回忆起她的女儿如何在希伯来语考试中挣扎，以及在学会这门语言后，她如何在为父母翻译小册子时如释重负地哭泣，因为她觉得她正在结束一个周期。

当局和移民儿童的地位：学校的位置

日记

阿米拉阅读了《儿童权利公约》，其中提到了儿童的利益。以色列有《义务教育法》和《国家卫生健康法》。如果子女的地位与其父母的地位之间没有相关性，那么按照《公约》和《义务教育法》的规定，移民的子女应该能够从这些法律中受益，尽管他们的父母是非法外国人。这是区分子女地位和父母地位所要求的。"这就是我们国家的情况，"阿米拉总结道。

人们可以相对容易地从一个国家迁移到另一个国家，以寻求更好的生活条件，或是为了冒险、工作、专业培训等等，这意味着许多人现在经历着跨文化接触。跨文化的接触并不会自动加深对对方的了解。[10] 双方都需要从平等的立场去认识对方。在霸权文化与传统文化的跨文化接触中，制度倾向于强化不同群体之间的不平等机制。此外，主导群体的成员往往（有时是无意识地）相信，霸权文化的价值观对所有人来说是最好的、最有效的。[11] 对以色列教育体系中强调融合不足的不满，部分原因可能是一种认知，即教育理念最终只代表一个群体。比亚利克学校的所有儿童都面临问题，这一事实削弱了对霸权或主导群体的认同。学校里的所有学生都需要某种形式的机构帮助，而机构——教师和辅助工作人员——尽最大努力提供帮助，而不是试图强加文化强迫或转变。对于教师来说，采取这种方法可能更容易，因为孩子们不确定未来是否会留在以色列。然而，文化碰撞本身以及为使课程适应多元文化社会而做出的努力，明确地引导教师审视他们对自己的身份、职业以及文化碰撞所引发的各种社会问题的态度。

在比亚利克学校，一群属于以色列社会精英阶层、在意识形态上认同国家的教师和一群对国家的认同是功能性的学生之间发生了相遇。没有任何渴望和借口把他们的功能认同转化为意识形态认同，因为他们在以色列社会还没有形成以色列公民身份。然而，在第一个希伯来城市中存在的这种教育体系以及以色列功能性移民的增加，[12]进一步强调了讨论这些问题的必要性。

一个基本的社会学观点认为，官僚体系可能会制造邪恶。比亚利克学校经常遇到官僚体系使用字面上和比喻上的代码方法来"删除"这些学生的证据。教育部记录中使用了严重的标题"错误代码"来描述该校的孩子。在未来，他们将无法参加大学入学考试，因为在他们的身份证号码行出现的是传说中的"000000000"，而不是正常的身份证号码。尽管以色列国对儿童作出了承诺，尽管以色列签署了《儿童权利公约》，但这些儿童没有在以色列保健体系获得医疗的权利。学校的工作人员承担着不同寻常的风险以确保这些学生体验以色列学生的生活，例如每年的外出郊游。如上所述，学校里的许多老师都扮演着准家长的角色，这不是因为他们过度参与，而是因为他们的道德观念是以孩子的需求为中心的。[13]

管理风格

学校的氛围深受阿米拉管理风格的影响。老师们知道她言行一致，从没有浮夸的口号和陈词滥调。她以简单易懂的交流方式阐明了她的立场，并提供了个人的例子。她对其他教育体系的态度是复杂的。她建立了帮助她推进学校目标的丰富的人脉关系。但当她对特定体系的运作不满意时,她毫不犹豫地进行批判,尤其是对她寄予了很高期望的教育部。

与一所协助学校的高级机构的代表会面(不是教育部)

阿米拉

我对教育部高层感到非常失望,这与某个部长无关。目前的局势表明,自以色列建国以来的这些年来,我们未能设法缩小差距。在"受教育"地区和欠发达地区之间有非常明确的分界线。现在采取的方法是零零碎碎的,而不是以勇气和决心采取措施来解决这些问题。他们发送问卷,开发项目,但不幸的是,这个体系总是被自己的失败所困扰。但在所有被认为是失败的地方,经常会有一个成功的模式出现。也许他们应该试着研究为什么有人能在其他人都失败的地方成功?毕竟,"需要支持"是一个社会经济标签,而不是一种遗传疾病。以色列国独立五十年后,如果处理不当,这个标签将成为一种不治之症。问题并不完全在于教师和校长,教育部的领导需要明白,他所做的首要承诺应该给到薄弱的地方。

阿米拉的批评是试图为天生不平等的人类系统创造一套统一标准的努力。施德洛特(Shderot)不能像北特拉维夫那样被对待。阿米拉的评论主要涉及教育体系的集中化以及缺乏对背景的考量,而这对于理解儿童的需求至关重要。她觉得(也可能是出于一种辩护),比亚利克学校是一个很好的例子,说明了在教育背景、儿童的总体需求和儿童个人需求之间进行适当的映射可以实现什么:

教育部的标准考试应该用孩子自己的语言进行考试。我们需要检查他们晚上是否睡觉。考试中是否有从自动取款机取钱和买票的问题？教育部的人是否知道在以色列有50％的孩子没有在自动取款机取过钱,也没有去过剧院？他们可以继续发送阅读理解测试,但我告诉他们应当适可而止。他们豁免了我,因为我被认为是实验性校长。

老师(三年级)

我们得出的结论是,我们不能按照教育部的标准方法来工作。我们调整自己以满足孩子们的需要。这里有些孩子还不识字,现在他们正在上强化课。在一所普通的以色列学校,这个年龄段的孩子已经开始阅读了。在我们小组中,有说西班牙语、土耳其语和罗马尼亚语的孩子。我们试着把所有人聚集在一起,教他们希伯来语。

根据阿米拉的教育理念,是孩子主导这个过程。只要孩子们喜欢学校的教育条件,他们就有学习和享受学习的动力。阿米拉意识到,有许多模式可以满足孩子们的需求,她尽可能地安排这些模式来帮助学校里的孩子们。她成功地招募了许多人,并通过强调帮助有需要的儿童的必要性以得到他们的合作。阿米拉称这所学校是"以色列的遮羞布"。外交部、特拉维夫市政府,以及教育部组织的大量代表团访问了这所学校。他们来这里见证学校的成功,并从中学习。

阿米拉认为,这所学校不仅成功地解决了当地的问题,而且也是以色列国必须建立的类似学校的典范,如果这个国家想要满足混合人口的需求。阿米拉相信,比亚利克学校在处理"困难"人口方面是一个成功的案例,特别是考虑到每年标准化测试所呈现的和实际上一直存在的失败数据。

阿米拉承担了重大责任,并说服学校的老师分担这一责任。

当她觉得课程不能满足孩子们的需要时,她会毫不犹豫地改变课程。她对教育部的标准考试提出了尖锐的批评,这些考试在内容和语言方面忽略了教育背景。她认为,基于跨文化接触的教育理论,这些测试在文化上有偏见。

阿米拉认为,教育部在以先进角度考虑学校方面往往很落后,她对教育部保守的教育方式持批评态度,尤其是其对外来务工人员子女的让人困惑的和矛盾的态度。

阿米拉

很多校长走在教育部前面。他们调动教师,改变课程安排和课堂结构,选择适合自己的主题。例如,数学教学可以从课堂教育者手中接过,交给受过培训的教师。有时校长们把学校变成一个提供各种活动的社区中心,因为他们认识到社会化是当今需要解决的主要问题之一。这也是学校使命的一部分。前教育部长约西·萨里德(Yossi Sarid)说,他甚至无法移动教育部的一颗钉子。解雇一名员工则会引发政治骚乱。伊扎克·列维(Yitzhak Levy)很高兴能调到另一个部门——他告诉我,至少在住建部,你有机会做点什么。他们有一个克服障碍解决问题的部门,如果你想建造一个新的社区,你必须先处理各种各样的反对意见。住建部每个领域都有一位专家。他们首先处理反对意见,然后开始计划。但在教育部,他们在纸上写"建设社区",开始项目,发现它行不通,再开始建设一些新的东西,诸如此类。如今,校长们在很大程度上是自主的。他们知道什么对他们所服务的社区是最好的。这个领域的人应该有更大的独立性来开发项目和内容,而不受来自上面的强迫。

对于她的管理风格,阿米拉回忆起吉顿(Gibton)所说的一群在自治学校工作的以色列校长的"狂野型"管理风格。吉顿根据塞尔乔瓦尼（Sergiovanni）的理论，在他所研究的主体中找出了与阿米拉表现相似的特征：对学校运作体系的批评；对教育研究术语的掌握，并识别理论和实践之间的差异；对该领域不合逻辑和有问题的情况的重视。"狂野"的校长们"可以在学校内部和其他地方展现领导才能，以便在困难时期领导教育机构"。[14] 然而，阿米拉反对自治学校的概念（在经济意义上），因为她认为这将加剧社会差距，并使不平等持续下去。在这个问题上，她在科德玛学校找到了盟友，下文我们将会看到。[15]

赋　权

虽然阿米拉是比亚利克学校的主导人物，但她努力赋予学校社区内的其他参与者权力，从新学生到最资深的老师。学校这样的风气是如此根深蒂固，即使阿米拉不在那里，学校似乎也会继续以类似的方式运作。阿米拉与阿娜特（Anat）的合作尤其令人印象深刻，阿娜特现在负责学校的所有培训活动。阿娜特作为学生文化和老师文化之间的调解人，几乎每天都来学校帮助老师。她的帮助几乎延伸到所有可能的人类领域。

日记

教员休息室里很吵。我试着去听阿娜特和两位老师之间的对话。她耐心地解释如何绘制课堂能力图。我不能听到所有的内容，只能听到一些句子的片段："这样你就能看到这门课上最弱的两三个技能是什么"或者"你应该根据错误的数量而不是分数来安排考试"或者"例如，那个女孩没有回答问题不是因为缺乏能力而是因为她不懂考试"。教师的肢体语言表明他们放松且专注。

阿娜特非常感谢阿米拉给了她在学校发展和成长的机会。阿米拉回忆说,她不得不把阿娜特从走廊尽头的三年级班级里"拉"出来,以开发她潜在的管理能力。阿娜特现在正在巴伊兰大学完成她的硕士学业,阿米拉认为她应该继续攻读博士学位,成为一名讲师。阿米拉说,阿娜特是培养儿童读写技能领域的专家,她为学校所有员工提供培训,具有天生的领导才能。

阿娜特称她在学校的岁月是"重生"的时期。从教师的角度来看,是阿米拉定下了基调,而阿娜特则把理论付诸实践。我自己的感想是,她们每一个人以及其他的老师,当时机成熟时,都能够在实践和思想两方面担负起管理的任务。

阿娜特

随着学校需求的变化,我们也在不断改变。老师们灵活而专业,大多数老师都很有上进心。我们是特拉维夫区的一部分,但我们有自己的边界。我们从适合我们的项目中汲取元素,认识到每所学校都是不同的,尤其是我们。由于我们有自己的特殊问题,所以我们以不同的方式工作被认为是合理的。我为每个老师、每节课修改大纲。我在每天的课程中与老师见面,每次见面我都会有所改变。老师们得到他们需要的东西,我不会强加于人,我不会自我陶醉,我不会抱怨困难。我总是试图寻找积极的一面,并告诉他们每个问题都有解决方案,我们只需要继续探索。

例如,一位新老师来到学校,发现自己所在的三年级班级的水平比她预期的要低。两周后的现在,班里的情况有所好转。但是昨天她觉得自己快要放弃了,我给了她紧急支援,包括情感支持。有时,密切的联系和纽带可以提供足够的支持,让老师继续他们的工作——这就是昨天发生的事情。

另一个问题是我如何分配时间。当一个新的问题出现时,我试着释放自己——我把其他的一切都放在一边,试着给人一种我在那里提供建议和帮助的感觉。我不会拿枪指着老师的头,强迫他们改变。我试着提供指导,力争每次都达到一个更高的水平。

教育部在语言问题上有非常明确的政策。每个年龄组都有一个明确的范围。我们不遵循他们的课程,而是开发适用于我们自己的活动,这些活动并不总是符合教育部要求的水平。这里的现实情况非常多样化。孩子被看作整个过程的领导者——这不是一个口号,而是一个简单的生活事实。整个星期,我们以小组的形式提供语言技能练习。大多数老师已经习惯了这种工作方式。

我是学校的教师。我的专业领域是语言技能。我所有的时间都用于培训,有些时间是固定的,有些时间是灵活的。我也负责读写领域,我正与教育部这一领域的人联系。我们解释了我们的做法背后的基本原理,并获得了援助。他们现在已经认识我们了。这种工作方式意味着我必须不断学习,让自己了解情况。我们使用各种方法进行形成性评价。我们每周聚在一起进行头脑风暴,讨论正在发生的事情。两位来到学校的新老师对我们与他们以前的学校截然不同的工作方式感到惊讶。这是个好迹象。阿米拉和我太专注于我们的工作了,不能总是看到这里发生了什么,来这里的老师都很欣赏这里的平静氛围和对孩子的态度,这也是一种评价。

在学校里,学生被赋予的权力并不亚于老师。由于那些在学校学习的人的复杂需求,这个体系已经变得高度灵活,以类似大学教育的方式为每个孩子制定了单独的计划或时间表。

阿米拉和老师们与访问学校的学生们对谈

比亚利克学校的一位老师说:"孩子们对自己的学习负责。例如,其中一个孩子选择了一个学习项目,在这个项目中他必须定义什么是极限。我们问他为什么选择这个主题,并与他讨论了这个过程。"

另一位老师补充说:"学校受'谢特里特法'(Shetrit Law)的约束(该法规定每周 41 小时的学习时间)。因此,除了星期五,孩子们每天在学校呆 8 个小时。有些学习是在社区中心进行的,那里有戏剧和柔道等活动小组。这些团体不是根据班级划分的,而是根据兴趣领域划分的。"

这时,一位来访者问孩子们是否被要求承担不合理的责任。老师们回答说他们不这么认为,因为每个孩子都被特别管理着。他们相信,"你越让一个人承担重大而真正的责任,他们就会成长得越多。"

阿米拉补充说:"这是教育体系的问题之一。在我们学校,一个独自在走廊里游荡的孩子感觉很不舒服,因为其他的孩子都在班级找到了一席之地。孩子们在最初的一两个月里很难适应,但如果他们有耐心,他们就会适应这种要求。这是一种生活方式,而不是奢侈。我们习惯于在工作中融入情绪。不喜欢孩子的人不能在这里工作。"

阿米拉

我们有很多机会创造混合年龄的模型。300 个孩子在下雨天不能到院子里去,所以他们就待在走廊上或在教室里玩。如果他们没有被教导如何在混合年龄的群体中表现和玩耍,那么在走廊里会发生什么呢?学校承担了一个严肃的目标,利用每一个机会来指导孩子们如何在一个多元化的社会中表现。我们有这样的机会,因为他们并没有对我们提出要求,因为我们毕竟是在教育"需要培养"的孩子,或者因为我们和外来务工人员的孩子一起工作,所以这是多么严肃的一件事!我们没有满足于这种期望的缺失,而是发展了其他领域。我们不需要把他们变成标准的以色列人,我们可以把他们的文化联系起来。

当有人被困在冰山上时,他们必须决定采取行动。冰山可能是一个问题,但它也可能成为一个机会。多元性也是如此。这种多元文化主义和贫穷可以成为进步的基础,也可以变成泥潭。我们的成功在于让以色列的"遮羞布"变成了优势。以色列国不能允许它的"遮羞布"是除了体面以外的任何东西。特拉维夫市政府已经注意到了这一点。我们有国家服务志愿者、教师、士兵和福利工作者。其中一个问题是如何处理预算。我认为建立一个包括教师在内的强大的支持团队是很重要的。这些是来自学校内部承担特殊任务的教师。我确保他们有时间培训员工,并对他们的工作给予奖励。我假设两名教师一小时的培训对40名学生是有益的,但如果同样的一小时花在一个孩子身上,那么我们只帮助了一个人。这就是我们在员工培训上投入更多时间的原因。即使把时间用于培训的做法会受到国家的批评,我也不会感到困扰。在过去的两个月里,教育部长要求我们提交建立更多像我们这样的学校的计划。我们有自己坚守的真理。我们希望能够说服更多的人走上同样的道路。

阿米拉与学生们对谈

与每位家长的联系是通过电话和相关语言的信件进行的。

大多数家长披星戴月工作,很难安排会议,所以我们不得不在非正常时段开会。大多数父母都对自己孩子身上发生的事情很感兴趣,但他们表达的方式不同。在其他学校,他们会说"家长没来开会是因为他们不感兴趣"。但是我们的父母从早上7点工作到晚上7点,甚至晚上10点,但他们10点就来开会了。这在其他学校是不会发生的。我们每年有两次大会,家长可以在早上到晚上九点的任何时间来和我们见面。也有与教师的单独会面。

学生:你不觉得很难吗?

阿米拉:不,不难。当你真正在做某事时,生活并不艰难。这是我们的一种生活方式,一种与我们之前所知道的一切都不同的思维过程和行为模式。我敢肯定,如果这种方法在以色列一直被采用,以色列的孩子会感觉更好。

阿米拉

在这所学校,孩子们总是喜欢老师。这让我想到了一件事。通常,孩子们讨厌上学。我不知道为什么。为什么他们喜欢童子军或其他青年运动或社区中心?后来有一天,我意识到这里的孩子们需要爱。没有它,我们无法工作。我们开始在教师中创造一种个人的责任感,这带来了与孩子们的情感联系。我不知道这是否可以称之为父母的爱,但这确实是孩子们需要和想要的爱。对爱的承诺可以通向对学术、社会和教育成果的承诺。

试着给孩子们一些工具,这样他们就能自己动手了。他们需要从小就参与规划自己的一天,为成年生活做好准备。孩子们根据自己感兴趣的领域和学术水平,大部分时间都在相应的学习小组里学习。每个学生都有自己的学习轨迹。有共同兴趣领域的孩子在特定时间聚在一起。例如,下午,一个混合小组去社区中心学习,在那里他们分为四个活动班。通过这种方式,他们学会了在社区中服务。这种课堂形式就像许多其他概念一样,在这所学校里并非是不容置疑的。

在一个结构化的基本原理的基础上,经过过程性评估,任何规则或主题都可以在必要时改变。

日记

我坐在学校办公室里,外面有噪音。来自哥伦比亚的四年级学生A受了伤。他们正试图联系她的母亲,她是一名清洁工,有一部手机。阿米拉和一些老师坐在附近。没有人感到不安或有压力。A告诉我她来以色列已经一年半了,她很喜欢以色列。阿米拉担心A的母亲将不得不支付大额的医疗费用。因此,她试图亲自为孩子们提供基本的医疗护理,比如给他们包扎绷带。一些孩子被带到阿米拉的办公室,他们向阿米拉解释发生了什么。鉴于这一戏剧性事件,他们相对平静。阿米拉告诉这个与事件关系最密切的男孩:"你是一个大男孩,我们没有办法一直照顾你。你需要为自己的行为负责。"

阿米拉让我为她翻译,因为这个男孩的希伯来语说得不太好。我要强调女孩受伤的经济后果。"非常坏的消息,"他的老师用洋泾浜西班牙语补充道,"每次发生这种事都会给你的父母带来麻烦。"我跟那个男孩说。和该校的许多学生一样,他和父母中的一位生活在以色列,他喜欢他的班级和老师。我还和他的一个朋友,一个来自厄瓜多尔的男孩聊天,他还懂阿拉伯语,因为他的父母曾在开罗住过一段时间。阿米拉让我问清他是从哪里来的学校。她觉察到他可能对他的家庭情况撒谎了。她认为他来自贝特达甘(特拉维夫城外某地),在这种情况下,她不能接受他在学校。他的回答含糊不清。

大家平静下来后,阿米拉给我看了一本用几种语言介绍学校的小册子。这本小册子包括社会工作者和辅助人员的电话号码、重要信息、学校的规则和以色列法律的参考资料。这是为了解释以色列文化和学生原始文化之间的差异。

阿米拉:"我向他们解释说,我有义务向当局报告某些事情。例如,一位父亲告诉我,他会打他的孩子,以阻止他的行为不端。我警告他这是不允许的,我必须举报他,但我不想这么做。"阿米拉强调,重要的是要向家长解释以色列的《定期出勤法》——该法律要求学生定期上学。如果家长听不懂,老师就用他们的语言一遍又一遍地解释。

阿米拉告诉我,当一个孩子不明白某件事时,她会让他们坐下来思考。她补充说,他们很快就会和学生们讨论选举问题,因为大选即将举行。

阿米拉

  教育体系总是充斥着平庸,专注于失败,而不是发现成功的学校,研究它们是如何运作的,并从中学习。世界不是那样运转的,它是像一面镜子那样的。看看高科技公司,教育体系还需要寻找成功的模式并从中学习,而不是一味地谈论失败。

结　论

特拉维夫是第一个讲希伯来语的城市,位于地中海沿岸,是比亚利克学校的所在地。这所学校是国际化的,尽管从来没有人如此宣称它。学校附近坐落着一所为外交官的孩子开设的国际学校,学费很昂贵,用英语教学。"国际"一词让人联想到一种特定的社会经济阶层。与特拉维夫南部的整个地区一起,比亚利克学校近年来经历了变革。这座一直渴望成为国际大都市的城市,如今却有一些社区成为来此谋生的低收入外来务工人员的家园。这些工人来到特拉维夫不是出于意识形态认同,他们是功能性移民,目的是满足基本生活需求。以色列国在移民劳工问题上没有任何明确的政策。这种方式是短期的、以危机为导向的,是没有花时间深入讨论在以色列市中心和其他地方创建这种明显不同的社区的后果。

政府对外来农民工的政策并不稳定,甚至前后矛盾。在阿米拉令人振奋的领导下,比亚利克学校试图满足移民劳工子女的需求,这些孩子在肮脏拥挤的环境中长大,而社会只因为他们执行的功能性任务而接受他们。以色列没有任何关于如何对待这些儿童的政策,阿米拉非常熟悉法律法规,并发现官方的法律法规和政策有时是相互矛盾的。面对这些矛盾,她必须根据以色列国已通过的普遍原则作出决定,这些原则体现在《基本法:人的尊严和自由》《儿童权利公约》和其他类似法律中。她尖锐地批评了驱逐移民劳工的政策,以及这些孩子无法继续学业、参加大学入学考试或上大学的事实。当被问及以色列在这一领域应该做什么时,阿米拉没有给出明确的答案。然而,只要问题还存在,她就会努力给予孩子们支持和帮助,这是基于人类普遍团结的意识,对人类尊严的尊重,以及她自己的社会主义教育背景。她自己的一个儿子决定与一个非犹太妇女建立家庭,这一情形给她带来了各种各样的问题和联想。阿米拉经常通过自己的个人经历来看待学校的问题。

你所需要的是爱

比亚利克学校由于人口结构的变化而经历了转型,它的初衷并不是建立一所国际学校,结果它被迫接受一种意识形态。

约翰·列侬(John Lennon)的歌似乎总结了这所学校的精神,即一种通过爱来修复的意识形态。在与他者(外国孩子)接触所引起的矛盾、困难和复杂的风暴中,学校的工作人员拒绝做出价值判断。相反,他们在寻找人类经验共同和统一的元素时,重复着爱的咒语。因此这所学校的校训"这所学校的老师喜欢孩子"并非巧合。学校的教师们培养了自己对多元文化主义问题的敏感性,并学会了多样化的教学方法,使每个孩子都能充分在教育经验中获利。教师们学会理解多样性,并通过照顾孩子们的基本需求来支持他们,而在正常的体系中,孩子们的这些需求是由家庭或其他社区机构来满足的。

教师本身仍在经历变革。这所学校在为教师提供了清晰的意识形态、易懂的方向和良好的指导的条件下展示了教育领导力所能取得的成就。学校教职工的意识形态不是虚无缥缈、遥不可及的,而是一种修复的实践意识形态。所有参与这一过程的人都将成为"修复社区"的一部分。学校广泛运用案例研究来了解实际领域的问题,以改进教育工作。

通过熟悉周围的系统,并得益于强大的沟通技巧,学校的领导层已经成功地建立了满足学生不同需求的伙伴关系,从而帮助了孩子和他们的家庭。这所学校也很好地利用了它位于欠发达社区的"需要扶持"的学校地位。

比亚利克学校是对社会学预测的一个活生生的挑战,这些预测认为这种学校会被犯罪、暴力、孤立和糟糕的成绩所破坏。这所学校设法帮助那些在其他任何情况下都会被贴上高风险标签的孩子。老师们相信孩子们有能力在一个温暖的、及时响应需求的、特别是包容多元文化的氛围中学习。比亚利克学校是疏离、冷漠和官僚主义邪恶的海洋中的一座宽容之岛,这所学校展示了一个教育体系内在的能够应对不同寻常的挑战的巨大潜力。比亚利克学校的成功甚至对那些面临较小威胁的学校产生了影响,比如那些位于发展中城镇、社会经济地位较"低"的居民大量集中的学校。如果在这里行得通，为什么在那里就不行呢？

尽管学校的工作人员大多专注于此时此地，但它已经发展出了一种普世意义上的感知、宽容和人文主义。为不断寻求修复和对减轻他人的痛苦付出的努力引发了深刻的内省，同时导致了对狭隘、刻板的以色列官僚制度的批判性审查，这些制度执行相互矛盾的政策，并对以色列的移民劳工现象采取对策。功能性移民的增长假定了许多移民将会留在国内，促进公民社会的发展。

上文所述的政策和意识形态并不总是与实际情况一致。当一个社会问题出现时（就像比亚利克学校的例子一样）一个新的机制就会被开发出来，提供实际的，和意识形态上的解决方案。比亚利克学校提供了一个以色列教育家的典范，他/她对所有儿童都有同样的承诺。他/她希望他/她的人文主义政策将对整个教育体系和公共生活的其他领域产生影响。如果这一希望得以实现，将帮助以色列国开始对外国居民及其子女的需求提供适当的人道主义回应。

第三章 科谢特学校（Keshet School）

（从幼儿园到 10 年级，大约 300 名学生，
正在发展高中部）[1]

日记

我通常悠闲地来学校，骑着自行车穿过耶路撒冷卡塔莫尼(Katamonim)社区的街道，科谢特学校在其开办的第二年搬来这里（2001—2002 学年是学校开办的第 7 年）。雅皮士(Yuppies)们被扩张该地区小型低层住宅的可能性所吸引，搬了过来，而该地区的房地产价格在那段时期内略有上涨。这个社区的外观并不统一，一些建筑物具有住房的外观，而另一些建筑物则以耶路撒冷石为延伸部分。大部分人口仍是中下阶层的原住民，许多家庭都有支持米兹拉希宗教运动沙斯党和其他宗教象征或护身符的证据，他们对耶路撒冷贝塔足球队的支持也很明显。

科谢特学校坐落在卡塔莫尼姆社区中心的一座古老而笨重的建筑里。这所学校有一种精英主义的形象，不过，我们很快就会看到这是一种误导。学校承诺招收至少三分之一的来自社区的学生，学生之间的积极气氛表明，这一融合过程是成功的。

这所学校建立在"修复"的意识形态基础上，试图弥合或至少缩小以色列社会中世俗和信教犹太人之间的鸿沟。在建国初

期,一些关键的政策决定导致了宗教对以色列政治的广泛参与,后果是在以色列社会的许多阶层中,尤其是在信奉公民精神和西方自由的世俗犹太人中反正统犹太教情绪的增长。即使在宗教人群中,也有许多人反对宗教对政治的参与,他们认为这是一种胁迫,只会疏远许多可能对犹太教更开放的以色列犹太人。

在以色列,世俗和宗教的犹太人之间的裂痕表现在各个领域。世俗以色列人的愤怒大多指向极端正统派犹太人,他们被认为是宗派主义的、孤立的、自私的,而且不愿意就业和服兵役,这种情绪形成了以色列变革党的发展。极端正统派犹太人对以色列国的态度从认同和接受(接近宗教国家的立场)到完全拒绝都有,他们显示出道德至上的迹象,并认为极端正统犹太教正在维护正统犹太教的一种真实形式,他们质疑世俗以色列人的犹太人身份,并认为他们至多是被误导的无辜民众或未受过教育的乌合之众。极端正统犹太教社区是一个封闭的社会,他们极力避免让孩子接触世俗世界的符号、文化和价值观。

在许多情况下,世俗和宗教的以色列人之间的接触也受到限制。孩子们在不同的教育体系中学习,这两个群体对国家的犹太性、宗教在政府中的作用以及"谁是犹太人"这个问题有不同的看法。此外,在更广泛的政治问题上也出现了分歧:宗教犹太人强烈认同在朱迪亚(Judea)、撒马利亚(Samaria)和加沙地带(Gaza Strip)建立定居点,同时,许多世俗的以色列人不区分极端正统派犹太人和犹太教其他派别的犹太人,视所有信教的犹太人为以色列进步和开明社会出现的障碍。[2]

这两个群体之间的鸿沟表现为缺乏相互的文化理解,这妨碍了世俗犹太人和信教犹太人之间的积极接触和相互理解。

科谢特学校建立在一种寻求修复以色列世俗和宗教之间鸿沟的意识形态基础上。学校的创始人是鲁蒂·拉哈维(Ruti Lehavi)。[3]他经常说,以色列在20世纪50年代建立两个独立的教育体系,即国家教育体系和国家宗教教育体系的决定是错误的。她决定建立一所学校,以"吸引对良好教育感兴趣的父母",无论他们的身份是宗教的或是世俗的。对她来说,界定什么是"好"学校很重要;学校精神的一部分体现在"有可能达成一种普遍的定义,它与我们的生活方式无关,但是它把我们的生活方式带到学校"。

鲁蒂在曼德尔教育领导项目(Mandel Program for Educational Leadership)做了两年的研究员,在此期间,她萌生了开办这所学校的想法。就像内夫沙洛姆的学校的案例一样,适当引导下的接触可以帮助双方的孩子在尊重和理解对方的同时发展自己的身份。就科谢特学校而言,"他者"也是犹太人,因此,表面上看,这里要解决的任务似乎比内夫沙洛姆的更简单、更容易。

鲁蒂经常强调,该学院不同于其他创造双方短期接触机会的机构。[4]她担心,双方的一些接触实际上会延续和加剧刻板印象,而科谢特学校的目标是在日常生活中提供一个长期的响应,鲁蒂似乎在学校成立之前就制定了指导原则:

> 我们参与的是最广义的引导。这所学校在开办前3年就开始构思了,力争在开办前考虑到所有方面。我们考虑了学校日常工作中可能出现的各种情况,还考虑了一种预先构建的接触,包括"一半一半"的意识形态,这与员工、儿童和教师有关。

科谢特学校的目标是加强来自不同群体的学生的身份认同,无论是世俗的还是宗教的。这所学校并没有试图模糊这些区别,而是在一起学习并培养对他人的宽容,同时认识到这些区别。正如我们所看到的,这种方法正在内夫沙洛姆的学校付诸实践,然而在科谢特学校,这个过程似乎更加复杂。在内夫沙洛姆,学生不可能真正改变自己的身份。但在科谢特学校,至少在理论上,每个学生都有可能放弃自己的身份,转而支持"另一方"

的身份。学校不鼓励这种可能性，但孩子们享受思想和意志的自由。因此，虽然学校试图澄清和维护差异，但也存在一些机制来模糊不同的身份并融合两个人群的文化背景。[5]

父母决定送他们的孩子去这种类型的学校，这可能是因为学校中世俗和宗教身份模糊。学校里许多笃信宗教的家长似乎不是"常规的"正统派犹太人，也不属于民族宗教运动的主要流派。这些父母中有许多人对民主价值观有着坚定的信念，他们的政治立场比宗教的犹太人更左翼，对世俗世界更加开放，甚至学会了认同它，这些父母寻求与世俗的犹太人互动作为他们孩子社会化过程的一部分。

小学部校长托瓦·阿米凯·克雷默（Tova Avichai-Kramer）
学生的不同信仰是一个必须解决的挑战。教师必须为此做好准备，必须欢迎这种挑战。这些信仰宗教的学生来自向世俗世界开放的民主家庭。来自经典正统派犹太教家庭的孩子是不会来到这所学校的。

正如我们所看到的，在多元文化学校当老师并不容易。在科谢特学校，由于其公开的目标，这难度似乎更大了。孩子们的身份认同比宗教与世俗之间可能人为的二分法要复杂得多。

在来到科谢特之前，托瓦是卡法阿杜明（Kfar Eddumim）学校的校长，卡法阿杜明是约旦河西岸的一个居住着宗教和世俗的犹太人的定居点，定居点的孩子们在一所联合学校学习，这所学校是将两种人口聚集在一所学校的先驱之一。当学校里虔诚的孩子们做祷告时，世俗的孩子们在做其他事情。这里没有为了促进宗教学生探寻世俗身份而设计的"精神"上的接触。卡法阿杜明的这所学校并不觉得有必要加强宗教学生的世俗身份。此外，定居点的学校是周围社区的自然延续。而科谢特学校是一所全市范围的学校。科谢特学校在努力创建自己的社区，还努力在员工的选择上实现对称。这所学校在国家体制下作为实验学校运作。相比之下，在卡法阿杜明的这所学校，大多数教职员工都是宗教人士，学校隶属于国家宗教体系。

创造一个独特的世俗身份的困难可能在于不同方法带来的不同结果。宗教方式的特点是投身于宗教文本和统一宗教象征的生活，而世俗方法的特点是不受任何固定传统的约束，也就是说如果文本是被选择的，它们则不具强制性，它们可能会也可能不会按照个人意愿被遵循或体验。因此，科谢特学校的情况与内夫·沙洛姆或比亚利克等学校的情况不同，那里的重点是不同传统之间的接触，每个传统都有其独特的仪式和神话。在这些学校，学生被邀请去"访问"另一个传统以了解更多关于他者的信息，但没有试图去创造文化之间的转换。而科谢特学校世俗学生的问题，似乎是缺少一个固定的仪式和传统体系（多元化只会使定义这样一个体系变得困难）。有时，学校会"创造"一个具有精神价值和分量的世俗仪式，以"填补"空白，例如，在宗教学校学生晨祷时。

日记

小学五年级的 B 老师把不信宗教的孩子们召集在一起，朗读切尔尼考斯基（Tchernichowsky）的一首诗。一段简短的讨论围绕这首诗展开，但老师很快将学生们引向了一个主题的讨论："我什么时候应该按照我的感觉行事，什么时候应该按照社会对我的期望行事？"讨论的灵感来自这首诗的内容。老师不做任何特别的努力，孩子们就参加了讨论。他们从自己的经历中举出了一些例子，他们小小年纪说出的一些观点令人印象深刻。一个人说话，其他人就听，偶尔会有学生打断，但很少，也很短暂。学校座无虚席，我们在防空洞里的一个小教室里围成一圈坐着。

校长提到的卡法阿杜明的学校可能是以色列宗教与世俗接触的典型。虔诚的犹太人致力于一种传统，这要求他们花时间参加不同的仪式。早上早起去"完成上帝的工作"当然不是件容易的事，而世俗犹太人则不用这么做。然而，这一情况在科谢特学校不适用，学校的时间表是根据宗教学生必须遵守的传统来定义的，而为世俗学生则创造了可替代宗教的传统和内容。在实践中，通过与宗教方面的接触，世俗学生创造了一种几乎是新的"宗教"——一种以课堂为中心的宗教，每个学生都必须参与其中，说出自己的想法，倾听他人，感受自己是集体的一部分，并寻求精神上的满足。这种世俗主义倾向于诗歌、对话、智慧和丰富的情感语言，它可以被称为世俗主义的"高"标志。参与者开发了演讲、自我表达和注意力的工具，他们共同寻找弗兰克尔（Frankel）和马斯洛（Maslow）定义的"意义"。

宗教仪式并不一定创造一种"高"体验。周期性的祈祷仪式不需要很高的智力、注意力或创意，尽管其旨在——当它存在时受到高度重视。相比之下，世俗的活动具有创造性，它允许在固定的结构内发生变化，因此需要更多的知识和更深的情感投入。这所学校不允许以豁免（exemptions）为基础的世俗主义，宗教学生必须祈祷，世俗的学生必须参加活动。在现实世界中，信教的犹太人和世俗的犹太人接触时，世俗的一方觉得自己免除了宗教的义务，而在科谢特学校，世俗的学生也必须参与他们自己的"仪式"，这可以暂时被视为另一种宗教。

祈祷，晨会活动和归属感

渐渐地，集体活动也开始拥抱信教的学生。当学生们从各自的祈祷和晨会活动回来后，老师继续讨论双方都关心的问题。这所学校似乎给了学生一种归属感，他们认为这种归属感非常重要，而这是大多数教育体系所缺乏的。上午的仪式结束之后，全班进行了半小时的讨论，经常性但是无意间地提醒学生他是集体的一份子，这样就增强了集体间的凝聚力。孩子们来到学校的感觉是，如果有什么事情困扰着他们，他们可以与他人分享他们的问题。然而由于"即将到来"的升学考试，家长们为了争取更长的学习时间而试图减少这些时间（早在九年级就开始了），学校对这种现象付出努力，争取改变。

杜比（Dubi），初中部的校长

我们有标准的学习课程，但我们也非常关心保持晨会和祈祷。在每天上学开始的时候，全班同学聚了几分钟就散了，在晨会和祈祷之后，学生们再次聚集在一起，课程有时以非正式的讨论开始，讨论集会或祈祷中的有关问题。基本假设是，在现代生活中，当学生面临来自政治因素、媒体等方面的压力时，他们需要更多的时间来处理他们所面临的挑战，而一周一次的课堂时间通常用于一些组织上的问题，并不是一个合理的用来解决这些问题的形式。

这所学校给学生的东西在现代被认为是罕见的。我们的身份是通过我们的社会功能或通过我们每天试图赋予我们生活意义时所经历的情景而建立的。青少年不仅受到父母和亲密朋友的强烈影响，而且还受到基于各种大众媒体的虚拟社区成员的影响。媒体所展现的精神气质也会对人产生影响，而人又会反过来影响青少年。媒体展现的精神是一种利己主义、无节制的消费主义和崇拜形象胜于内容的精神，孩子和家人花很多时间在屏幕前，而真正的对话变成了稀缺商品。

通过利用早上的第一个小时，科谢特正在采取一种反对消费主义和等级文化的方法恢复学生生活中的公共和人性维度。这一过程赋予学生自己的声音以分量，并使他们能够以深刻和批判性的方式审视媒体呈现的事件。这是一种知识分子在反知识分子世界中的抗议，一种在反精神世界中的精神抗议，一种在异化世界中的归属感抗议。

尽管学校努力避免精英主义的陷阱，但读者可能会在这一价值体系中发现精英主义的暗示。为了避免在来自富裕社区的学生和来自不太富裕的社区的学生之间产生差别，学校做出了努力。这也解释了为什么学校不鼓励成绩差的十年级学生转到其他地区的高中，就像在以色列经常发生的那样。值得注意的是，这所学校大约30％的学生来自不太富裕的社区。

杜比

我们通常不会在九年级结束时要求学生离开，因为我们把整个学校视为一个整体，从学前教育到十二年级。孩子可能是愉快的或不愉快的，聪明或不聪明的，但我们不涉及这些定义。我们致力于社会变革，30％的学生有贫困的社会背景，尽管如此，我们还是有一个精英的形象，这很遗憾。我们在八年级和九年级有很强的融合，孩子们来到学校的时候有着各种各样的问题，不一定与社会经济地位有关。科谢特学校是一个多元化的地方，每个孩子都可以在这里完成学业，并获得全日制或非全日制的升学证书，这就是我们的方式。

学校的工作人员反对过分强调竞争力作为教育体系核心精神的一部分。有不少"好"学校自诩具有较高的教育水平，宣称支持社区学校的概念，但与此同时，却强迫一半的学生在九年级结束时辍学。在自命不凡与教育现实之间，没有比这更大的鸿沟了。在大多数情况下，这种方式只能保证少数同学走上成功道路，而剩下的人注定要去填补就业市场底层的无趣职位。

科谢特学校的孩子们普遍对学校的精神表示满意，他们经常将这种精神与"普通"的学校相比较。

日记

课间休息时,我和六年级的 A 同学坐在一起。在我们周围,几个初中的男生在打球。这些孩子显然来自不同的背景。A 告诉我:"在我的朋友来科谢特之前,她在 R(一个著名社区的学校)学习,那里的人经常对她大喊大叫,给她很多作业,好像他们根本不关心那些学校里的孩子。但在这里有活动小组,有体育和艺术。老师比其他学校更关心学生。这里也有暴力,但不太多,而且大多发生在初中班级。"

我试着问 A 关于不同类型的学生。她说:"这里有来自各个地方的学生,但孩子们之间没有任何区别。"A 走远了,我问 G 同样的问题,G 是一位体育老师,我们在另一所学校已经认识了,他当时正穿过院子。他评论道:"这里有来自卡塔莫尼姆社区的孩子,孩子们之间的关系真的很好,这所学校的男孩和女孩之间的关系也很好,这是我在其他任何学校都没有发现的。虽然也有例外情况,但这里的孩子大多数都很好。"

当一所学校放弃卓越精神作为其核心目标,而寻求成为一个温暖的人类社区时,创造不同背景的孩子之间富有成效的对话的真正可能性就出现了。"与他者接触"——这是学校里常见的口号——不仅仅是一句口号。这所学校找到了切实可行的方法,将这一口号转化为实用的意识形态。美国消费文化已经成为以色列的主流文化,对它的主要批评之一在于它鼓励不顾他人而沉溺于自己。这是一种自恋的文化,在这种文化中,最快乐的人是"死时拥有最多玩具的人"。人们的感觉是,资本主义话语并不涉及个人为了满足公共需求而做出的社会归属或贡献

（Etzioni，1994）。那些我们考虑过的学校，包括内夫沙洛姆，比亚利克，科谢特（科谢特的晨会强调集体性的主题），都试图将个人的社会成员身份重新置于教育经验的中心位置。

身份模糊的问题

尽管我们努力强化学生的多元化身份，同时接受和理解对方，但在科谢特学校似乎有一种更复杂的身份，它内化了那些不能被简单地归类为"世俗"或"宗教"的行为。为了防止混乱，学校特意提醒学生的群体归属，无论是宗教的还是世俗的，学生可以参加其他团体的晨会或祈祷仪式，但每周不能超过一次，这反映出学校希望尽量避免学生因身份问题而困惑。

迪克拉（Dikla），小学部的前校长

学校的创始人认为，如果学生的个人身份是明确的，他们是有把握的，他们可以参加集会。但如果孩子们生活在犹太人区，这样做是不安全的，我就在一个世俗的犹太人区（一个基布兹）长大。住在这所学校的人互相了解，集会的目标之一是加强孩子们在他们自己的团体中的联系。换句话说，如果在宗教孩子中发生了什么事，这应该反映到世俗孩子中，给孩子归属感是很重要的。世俗和宗教的孩子可以参加其他团体的集会或祈祷仪式，但他们知道自己属于哪里，就像在一个家庭里一样，这就是他们一周只能参加对方的活动一次的原因。如果一个孩子每天都和不同的家庭在一起，他们会感到困惑。

这些评论让人想起我们在内夫沙洛姆听到的。然而正如前面所提及的，那所学校学生间的区分更明显，因为实际上不存在文化转换的现实机会。然而在科谢特学校,虽然群体之间有明确的划分,却依然导致了复杂而多样的身份认同问题的出现。这所学校提倡创造一种新的犹太文化,让那些不那么传统的学生对犹太传统、仪式和符号产生更高层次的认同。反过来这种新文化导致更传统的学生对现有犹太神话"更柔和"的表现展现出一种开放的态度。科谢特学校有可能实际上表现出一种尽管没有姓名,但已存在于以色列的犹太教——一种不是根据正统和世俗的典型两极定义来定义的传统犹太教。虽然这种犹太教处于中间,但它也不同于美国的犹太教保守派。在试图定义它时,鲁蒂提到了舍里格(Sheleg)关于"新宗教"的书:

> 在意识形态方面,他们包括温和的正统派到谨遵哈拉卡(犹太教口传律法)行事的传统犹太人。这是一股非常强大的力量。学校里也有相当多的正统派人士不戴圆顶小帽,因为它传达的象征性太明确。我不涉及对包含仪式行为元素的、对传统的宽泛定义。对于学校的多样性,确定边界很重要。

学校似乎很难应付这种"中庸的犹太教"。它是存在的,但它不容易被概念化,因此仍然处于隐蔽的位置。人们可能有意识或潜意识地担心,将学校定义为"传统学校"会让正统派家长感到不安。

杜比

一个复杂的对话发生在我们想要的和我们拥有的之间。一般来说,信教的公众都非常谨慎。笃信宗教的父母希望自己的孩子接受他们认为足够深刻的宗教教育,而一些正统派父母来这里恰恰是为了避免封闭的教育,我们在这方面没有做调查。有趣的是,一个九年级的信仰宗教的男孩,他不认真对待自己的精神世界,更喜欢处理琐事,与一个和他类似的世俗男孩交朋友。相比之下,一个虔诚的宗教男孩对灵性世界感兴趣,而另一个世俗的男孩也对自己的精神世界着迷。这种人与人间的连接是垂直的,而不是水平的。的确,我们很难定义"传统"的含义,我们有些学生介于两者之间,定义它并不容易。被定义为信仰宗教的学生更多地学习哈拉卡,年纪较大的花更多的时间学习犹太科目。当一个父母不是正统派的男孩在宗教团体中学习时,问题就会出现。我们意识到了这个问题,并进行了讨论和对话。

托瓦(Tova)

　　这里有各种各样的关于宗教学生的故事。也有混合家庭,有皈依宗教或回归世俗的家长,以及不能被视为完全意义上的正统派的家庭。考虑到这里的多样性,"科谢特"(希伯来语意为"彩虹")这个词很合适。例如,我有学生去改革派犹太会堂科尔哈内沙玛(Kol Haneshama),他们致力于祈祷,但在安息日的仪式结束后,他们开车离开了。那我该怎么办,告诉他们不要祈祷吗?这就是为什么科谢特是个很合适这所学校的名字。

科谢特学校的意识形态可能暗示了一种新型犹太教的出现。这种犹太教是复杂的、多元的、批判的,它可以从学校网络中发展出来,为双方提供宽容的接触。许多家长和学生似乎已经为这一过程做好了准备。类似的现象也出现在塔利(Tali)[6]学校的发展中,这是一所积极对待犹太传统的公立学校。在科谢特学校和塔利学校之间有一些类似之处,尽管科谢特更强调为学生提供宗教体验。

鲁蒂

科谢特学校和"塔利"学校有相似之处,后者比普通公立学校更关注犹太内容。科谢特学校对学生的世俗和宗教身份提供了更深刻的表现。我们接受赎罪日出门旅行的家庭,在逾越节吃发酵面包的家庭以及在生活的各个方面严格遵守哈拉卡的家庭。塔利学校不关注不同的文化,而对我们来说,没有那么浓厚的犹太氛围。

我们的学校很好地体现了这两种截然不同的身份。几年前,当我们将一本祈祷书作为所有二年级孩子的第一本书时,世俗父母表现出了强烈反对。但这在塔利学校是不会发生的。与此同时,我们还得面对哈拉卡的教导:在逾越节吃面包会被判死刑。科谢特信仰宗教的孩子们知道在学校里有在逾越节吃面包的孩子,也有在赎罪日吃东西、去西奈度假的孩子。

科谢特的选择遭到了父母的反对,他们担心这种对世俗的开放会侵蚀正统犹太教的价值观,而世俗父母则认为犹太教的每一种表现都是强迫和落后的象征。科谢特学校为世俗和宗教的犹太学生提供了一个和谐的氛围,他们不仅有一个独特的身份,而且认同将两者之间的接触作为学习和成长的工具。此外,科谢特学校对于那些对犹太教和犹太传统持有矛盾态度的人来说是一个舒适的地方。在行为方面,这些学生在学校倾向于正统派,鲁蒂称其为"犹太教的第四股力量"。对于科谢特学校的许多学生来说,内部矛盾似乎并不被认为是这样。

日记

我拜访了一个被学校和孩子们自己定义为正统犹太人的家庭。父母会在安息日开车,但也会因为孩子的反对而不这样做。我们坐在外面吃安息日午餐,Y,一个科谢特学校的女孩骑着自行车过来，她说，她的家人在安息日不开车，但是会打电话。我从她的语气中没有听到丝毫困惑和歉意。当我问起她的宗教实践时，她告诉我"有很多这样的孩子"，尤其是她在科谢特和其他宗教学校的朋友们。

科谢特学校是众多复杂犹太身份的家园，从世俗文化到温和的正统派。在这所学校中发现的身份多样性让人想起以色列国外的情况，那里的犹太教自由主义——改革派、保守派、重建派等等——比以色列强大得多。科谢特学校实际上可能揭示了宗教—世俗二分法背后的扭曲，它阐释了列维（Levy）和卡茨（Katz, 1993）的研究中指出的可能性，即许多以色列人其实是传统的，他们按照自己的意愿和选择遵守传统而没有任何负罪感。科谢特为这种类型的犹太教提供了一个体系。回到上面杜比的评论，在科谢特学校，与其说是宗教和世俗犹太人之间的接触，不如说是不同宗教风格和倾向的人之间的接触。在这种接触中，那些有相同精神倾向的人会相互吸引，那些更实际或世俗的人也相互吸引，就像体育爱好者聚集在一起一样。在社会学术语层面，没有观察到宗教与世俗之间被强加的区别。

科谢特学校努力确保"彩虹"的所有波段都能安心，信教的学生不应该感到不舒服，世俗的学生不应该感到被宗教胁迫。这所学校更愿意接收那些将自己同时定义为"宗教的"和"世俗的"的家庭，他们的价值体系并不否定其他身份。

鲁蒂强调，"学校不想走一种舒适又方便的中庸道路，我们不想做塔利那样的学校"。在她看来，一个考验是问如果科谢特不存在，父母会把他们的孩子送到哪里。她声称，家长最好将孩子送到正规的公立学校，或公立宗教学校，而不是塔利学校。

课程体系

83　　这所学校不得不在开发课程时表现出很大程度的创造力和独创性。以色列有国家教育课程体系和国家宗教教育课程体系,但目前还没有将两者相结合的项目。科谢特学校正在开发一种教育项目以满足学校独特的需求。

鲁蒂·列哈维

　　在过去的两年里,我们一直在为科谢特开发关于高圣日(High Holydays)主题的独特课程。这些课程是由教师和学校协会的代表在学校一名领导的协助下共同制定的。在高中部分,我们在口传律法、圣经和祈祷领域开设三个特别的课程。我们认为有必要研究为教师提供职前或在职培训的问题,我们正在研究这方面的不同选择。我们还考虑以科谢特的办学精神为指导建立一个教师培训项目,目前我们还没有做到这一点,但我们仍在研究这个想法。我们的新课程涉及对犹太教的不同理解,不仅包括正统派和世俗派,还包括改革派和保守派。接触不同的犹太教流派是很重要的,这些课程对其他学校也会很有用。

　　即使信教学生和世俗学生分开学习时,孩子们依然能够接触到不同的文化。宗教学校强调宗教内容,世俗学校则相反,但学生仍然可以学到其他的内容。

　　因此,我们看到课程也与可供人类选择的多种价值体系有关,这些价值体系是平行的。它们被澄清,并提供了广泛的可能性,这是常规的公立学校远远比不上的。

　　有一些家长抱怨学校工作的某些方面。

一位母亲，来自开明的、受过教育的正统派家庭。

信教儿童和世俗儿童之间的接触是非常重要的。我毫不怀疑，有一些深刻的问题需要讨论，而且会有一些比单纯的接触更深远的真实内容。开发更多的内容是值得的——他们还没有课程。在研究学习中有很多即兴创作。这里的人都很好，但事情进展得很慢。我们不应该依赖国家和国家宗教体系提供的课程——我们绝对可以创建自己的课程。人与人之间的接触本身就很棒，它扩展了身份的边界，即便有一些不确定因素，我也不会感到困扰。在某些时候他们将不得不教授更聚焦的内容，即使是在学术科目中。

许多属于"第四种"犹太教的以色列父母将他们的孩子送到国家宗教小学，这样他们就可以吸收一点传统和一点"犹太人品质"（Yiddishkeit）。然而，到了上高中的时候，他们会把孩子转到公立学校。在上面的引述中，母亲对小学没有任何异议，但她希望看到它的宗教氛围和内容得到强化。因此，她打算在孩子读初中时转到公立宗教学校。

杜比

在初中阶段，我们并没有改变学习内容，但我们确实改变了重点。我们提出第二圣殿时期希腊化的选择和犹太教的选择是同样有效的——我们接受什么，我们拒绝什么，我们为什么而战，等等。在八年级，教学的主题是犹太教和伊斯兰教及其不同的影响，我们也强调我们从中获得了什么，例如迈蒙尼德和亚里士多德哲学中的问题都是受到穆斯林哲学家影响而提出的。在九年级，学习的主题是基督教，包括基督教对犹太教的仇恨，以及基督教对犹太教思想的吸收——例如天堂的存在。在十年级，我们进入更标准的教育部课程体系，然而，作为一所实验学校，我们享有开发一些特殊课程的特权。

这些评论解释了为什么学校的学习内容和风格可能阻止那些有固化形象的（iconographic）和特殊主义（particularistic）的父母。在科谢特"创造"的神话是"软"（soft）神话，它们不会否定其他文化，从而促进种族中心主义，而是促进与其他文化的积极对话。犹太教从其他宗教和文化中学习和吸收元素的观点对许多正统犹太人来说是革命性的。通过与另一种文化的比较来批判性地审视自己的文化，鼓励用更相对性的方法对待它们，这种相对主义允许你从自己的文化和其他文化中汲取最好的东西。

科谢特不仅在研究内容上，而且在风格上都提供了有趣的模式。

日记

我早上9点到达学校。在教职员室，一些老师正在讨论一个消息：一些富裕家庭决定在附近购买或租房子，这样他们就可以离学校更近。Y微笑着问我是否愿意去观摩犹太学院（Beit Midrash）的课程。我在学校里听说过很多关于犹太学院的课程的事，就跟着她去了。一个穿露脐装的女孩走过，我听到她对她的朋友说："没关系，我们不用着急。"一个学生告诉我："在这里，我们了解人、家、街道、以色列和世界，然后我们分成小组，用戏剧的方式告诉对方我们学到的东西。我们分组学习。"老师要求学生说饭后的祝福，因为他们刚吃过饭。一个信教的女孩告诉我："有时候世俗的孩子说得比我们更多。"我听着歌声，这首曲调让我想起了我在美国参加的一个犹太人夏令营。

老师试图提醒学生上节课所学的知识。我很欣赏她愿意在没有事先安排的情况下邀请我去听课。她向学生们讲述了"家"这个概念的含义，以及它与文化和宗教领域的联系。"今天我们将以不同的方式继续讨论家的概念。你们每个人将在学习小组范围内选择如何表达自己对家的理解。到了十一点钟，我们就分成工作坊。"孩子们表现出令人印象深刻的自律。这个学习主题让我想起了在比亚利克学校看到的研究课题，那里的孩子们也在讨论诸如家、时间和边界等概念。他们分成了小组——两组在一个房间里。一个孩子用英语和他的朋友交谈，四个女孩一起学习，她们告诉我她们通过学习一篇特定的课文来学习。我问为什么有些学生在小团体，有些在大团体，他们解释说，一开始他们是在一个大团体中的，但后来他们离开了。我指出，一个男孩在独自学习，"他现在更喜欢这样，"其中一个女孩解释道，"他就是这样学习的，有时我也独自坐着。"他们告诉我，他们"喜欢这门课，因为只有课文，没有老师，我们一起学习。""我们必须自己来管理，选择如何表达自己。"我走到外面，看到两个女孩坐在一起，一个是信教的，一个是世俗的，虽然她们在外表上没有什么不同。她们正在准备一场以文本为基础的戏剧表演。

另一个学生告诉我他来自 H，一个莫沙夫。他更喜欢自己学习。"有时候我喜欢和别人一起，这完全取决于我的心情。有各种各样不同的工作坊和渠道来发挥创造力，表达自我。"

像在比亚利克学校一样，我们看到了学习控制理论（cybernetic learning）的应用，它通过基于价值取向的讨论反映对单一现实的不同看法，从而让参与者获得知识。这种方法体现了对孩子的个性和学习风格的高度考虑，并使他们能够以不同的方式表达他们对主题的理解。有趣的是，传统的犹太"查夫鲁塔"（Hevruta）学习法（小组学习）与现代的控制论观念融合得很好。妥拉研习是终极的阐释行为；知识代代相传，每一代人对文本和阐释主体都有自己独特的视角，科谢特学校培养学生自主学习、研究和多样表达的能力。

当这些学生将来接受高等教育时，他们是否仍然会对一般的文化以及犹太教持批判和相对主义的态度？他们是否会对他人保持宽容和共情？这将是很有趣的。他们将如何分析正统犹太文本和其他作品？可以假定，他们在解释时所采用的开放和大胆的方法，将使他们中的一些人能够给文本带来深刻和复杂的维度，使它们与现代犹太文化中的社会化相联系。

对他者的态度

这所学校经常重复的"与他者接触"的口头禅反映在学生们的行为和态度上。科谢特学校提供了在犹太背景下的接触，并重视学生的身份问题，学校也有意识地努力将接触范围扩大到更多的种族。科谢特学校正在组织与阿拉伯学校的接触，虽然遇到了一些问题，但取得了不同程度的成功。学生们支持这些接触。

学校还通过与一所残疾儿童学校的接触，使孩子们能够与他者会面。孩子们在这方面很努力，表现出虚心和认真的态度。他们用学校的精神来描述这些会面："我们遇到了一些外表看起来与我们不同的人，但本质上他们与我们非常相似。"[7] 与他者接触是学校学生参与的个人承诺项目实施的基础之一。学校鼓励教师为这种接触寻找额外的渠道，将其扩展到"普通"孩子之间宗教与世俗接触的范围之外。

学校和社区

这所学校是社区中相对较新的存在，正朝着融入社区活动的方向迈出第一步。虽然它还没有达到可以施加影响的程度，但卡塔莫尼姆的居民已不再把它视为异类或精英阶层存在。

杜比

学校与社区的联系仍处于早期阶段。起初我们是陌生人，今天，学校有三分之一的学生来自社区，科谢特已经成为一个合法且受欢迎的选择。我们想要改善街道和公园的外观，举办开放日——我们有各种各样的想法。社区的孩子们下午都来这里，我们试着不保持冷漠。学校还没有足够密切地参与社区生活，但我们正在努力融入社区。

因此，"接触"的概念并不局限于学校内的静态情境，目前学校正在努力扩大与社区的联系，避免被视为外星人一般的存在。科谢特学校第一次开办时位于耶路撒冷的吉瓦特拉姆（Givat Ram）附近，鲁蒂·哈列维认为这里是一个理想的地方，可以为学校吸引来自整个城市的学生。吉瓦特拉姆，坐落在城市的博物馆、大学、议会和最高法院附近。这个位置向人们传达了一种中立的信息，那就是这个地区其实并不属于任何人，或者如果你愿意的话，它属于每个人。

不过，工作人员似乎对目前的位置很满意。人们希望建立一个大型校园，设有文化和休闲中心，并提供会议和学习项目的空间。该项目还包括学校的学生、教师和家长，无论他们居住在哪里。根据计划，校园将设有图书馆、体育中心、犹太学院和教师培训机构等。

学校努力让学生的家庭参与到日常生活中来。学校已经建立了各种体系，让家长参与到合作学习中。家长参与教育委员会，也参与课程的编写，一些家长甚至在自愿的基础上在学校教书。一位家长是专业的心理学家，作为"身份认同"研讨会的一部分，他给老师们上了一堂课。

让家长参与学校生活的计划由于距离原因和许多家长都很

忙的事实而遇到了问题。尽管如此,工作人员仍继续努力,尽可能让他们参与进来。

学校的老师

科谢特学校的教师采取开放和多元化的教育方式。他们学会将自己视为教育过程中积极的调解人——作为伙伴,而不是正统的知识传播者。正如我们所看到的,教师让孩子独立学习,认识到不同的个体会采用不同的学习方式,并找到自己的方法来获取知识。这所学校的特殊性质被口口相传,有可能采用这种教学方法的教师被默默地引导过来,学校利用与耶路撒冷大卫·耶林教育学院的联系,招募能够融入学校并应对学校的特殊挑战的教师。

随着教师工作经验的积累,他们内化了学校的工作方法和独特的思想。由于他们在学校体系中起着关键的社会化作用,因此他们被期望能够领导"与他者的接触"。

并不是所有的老师都能很容易地适应科谢特学校使用的学习方法和路径,特别是在工作的早期阶段。一些宗教教师似乎发现很难处理身份的模糊性(或其强烈的复杂性)。

日记

我站在小咖啡角,给自己做了一杯咖啡。我和一位在神学院受过训练的老师聊天。"这里的多样性很有趣,但学校有点混乱。也许这适合某种特定人群。学生们很混乱——谁是信教的,谁是世俗的,总是不清楚……这里的一切都是开放的,包括学习方式。我认为我们需要设定明确的界限。学校在孩子和项目上投入了很多努力,但我认为学校让孩子们感到困惑。他们需要一条明确的界线,但我不确定他们能得到什么。"

一个宗教教师

科谢特学校学生的复杂身份对于老师来说绝不是简单的,它提出了我们许多人也在努力解决的身份问题。复杂的学习准备,课程创新的需要,以及对"与他者接触"有关问题的持续关注反映在教师的内部话语中。

这种结合很特别。我一生都在宗教学校教书。这里是一半一半的,也有传统的学生。就我个人而言,我也正处在一个审视自己身份的时期……

我住在一个宗教和世俗混合的社区,那里也有一所世俗和信教孩子在一起上学的学校。但那里的定义要清晰得多,对宗教学生来说,很明显,他们学到了更多关于革马拉(Gemara)和犹太教的内容,直到我参军为止,我甚至都没有机会去了解世俗犹太人。

学校的管理

如前所述,学校是在鲁蒂·列哈维的倡议下成立的。她试图将"与他者的接触"作为以色列—犹太背景下了解自己和他人的工具,并以这一理念作为背景建立一个教育体系。她对这种接触的终极模式的探索可能与她自己,作为一个虔诚的犹太人,和谐地生活在一个宗教与世俗混合的家庭有关,尽管她自己否认这种关联。

鲁蒂现在回到学校管理高中部,杜比是初中部的校长,他们在耶路撒冷的实验学校一起教书多年,甚至参与学校管理。他们带给科谢特的许多管理和学习技巧都在实验学校进行了尝试和检验,这些技巧在不断探索其实验和开放的边界的过程中,在方向上发生了几次变化。在实验学校存在一种紧张关系,它存在于激进的教育方法和至少在一定程度上融入制度化的教育方法之间,后者并不总是对教育实验持积极态度。[8]

科谢特学校所采纳的一个重要的实验学校的原则是最大限度地关注每一个学生。无论他的成绩、身份或者人缘。在他的书中,齐姆兰(Zimran)阐释了这一原则:

> 实验学校的一位老师说:"让我印象深刻的是,一大群老师花了三十多分钟讨论一个让他们为难的学生——不是想开除他或控制他,而是希望找到一种方法把他拉近,并制定一个恢复计划,让那些被他惹恼的老师来实施。"他补充道:"大家怀着尊重和对他的未来负责的态度讨论他的问题,讨论其他学生的时候也是如此。"[9]

这种方法在科谢特学校也能找到共鸣,除了教师努力去了解学生、与学生发展有意义的关系之外,学生还参与到与学校有关的重大问题的决策中。例如,作为学校新的高中部规划的一部分,一组学生向教职员提出了他们的需求。

杜比

> 我们和学生建立了小的讨论小组,比如5名九年级的学生,然后我们和家长讨论问题。我们进行了很多讨论,我们将努力落实提出的要点。我们正在为11和12年级计划一个高水平的个人学习计划,该计划将由学生自己建立。我们从多方面为学生考虑——这是一个小学校的优势。

科谢特学校具有实验学校的另一个特点,即异质性是一种理想和价值,而不是一种约束。鲁蒂、杜比和学校里的其他高层人物尽最大努力去灌输这种意识形态,尽管这带来了困难,因为许多教师发现在学生同质化的班级里更容易开展教学工作。科谢特学校值得拥有"彩虹"这个别称,这不仅反映了其对宗教的看法,还反映了学生之间更广泛的多样性。

结　论

杜比

　　我们在这里遇到了一些非常矛盾的情况。例如,一个8年级的在宗教学校长大的男孩意识到他不想守安息日,他得知他的兄弟在安息日工作。在同一个班级,一个被定义为世俗的女孩守安息日,还吃全套的犹太洁食。这里可以看到以色列社会的复杂性。我们的定义很简单,我们相信每个人都需要一个亲近的群体,同时学校必须宣称它正在培养宗教和世俗的个体。如果我们开始混淆,我们会更像"传统"学校(塔利的小学、初中和高中),或其他强调犹太研究的学校。我们经常讨论与现实生活问题有关的问题,去年,一名学生随父母回国,他的父母曾在国外担任使节,他在耶路撒冷城外的肖尔什莫沙夫(Moshav Shoresh)庆祝他的成年礼,他邀请了所有人,但是宗教学生(他们不能在安息日外出活动)对他说:"如果你是我们的朋友,你怎么能这样做?!我们都去不了,你怎么能在肖尔什办成人礼呢?"他的父母没有考虑这一点,他被同学几乎排斥,但他和他的父亲都不明白为什么这是一个问题。

　　科谢特学校在以色列教育界提供了独特的教育机会。学校的"修复"理念旨在通过将信教学生和世俗学生聚集在一个单一的教育体系中来缩小他们之间的距离。假设是:积极的接触会让双方彼此熟悉双方的来源,相互接受,并加强参与者独特的身份认同。这所学校满足了许多家长和学生对一所将多样化的生活方式视为优势而不是问题的好学校的真正需求。

学校的理解力和接纳力比一般的世俗或信教的以色列人所具备的更高。学生群体的有趣情况，许多父母自己也在审视自己身份这一事实，学校中存在的"混合"家庭以及这在以色列社会中所引发的复杂性，使孩子们能够发展出复杂的身份。文本学习的相对性和批判性方法旨在帮助学生驾驭这些复杂性，丰富他们的犹太视角。学校给予家庭很大程度的自主权，让他们找到自己的自我定义。这里也有来自部分遵守哈拉卡的改革派家庭或者传统家庭的孩子，尽管如此，为了防止"完全"信教或世俗的孩子感到不舒服，这所学校还是从两个极端着手，并倾向于给出一个明确的定义。

在科谢特学校的接触是互相平等的，学校允许学生相互学习和软化刻板印象。这符合阿米尔提出的有效跨文化接触的条件。[10]但是，应该指出的是，科谢特学校学生之间的差异远小于内夫沙洛姆或比亚利克学校的学生之间的差异。身份的转变不被认为是一种创伤或悲剧性的发展。在实践中，学校提供了一系列复杂的身份，学生可以考虑并选择。人们可能会认为，在青少年中身份的发展问题至关重要，因为这个年纪的孩子正高度参与身份问题的发展中，同时这也是一个在身份发展的背景下越来越重视同龄群体的年纪。[11]科谢特学校有可能发展出一种明确的身份；它也有可能有助于代表一种存在于以色列的复杂传统取向，这种取向由于宗教和世俗之间的二元性和部分人为的鸿沟，在很大程度上还没有被代表过。正如以色列宗教和世俗犹太人之间的日常接触所显示的那样，世俗与宗教之间象征性二分法的力量比现实情况强得多，而较弱的声音通常不会出现在由媒体传递的公共话语中。

在科谢特学校，而非其他学校学习让学生拥有了通过选择来学习犹太文化的机会。对犹太文化的复杂审视，涉及人文主义、批判主义和宗教路径，对这些路径之间对话的强调，有助于促进对更复杂身份的选择，避免极端，尽管如此，犹太人的身份感仍然非常强烈。这种复杂程度可能会在日益复杂的世界中带来优势，这个世界要求个人高度反思、适应变化和接受他人。

学校的工作人员认真对待"接触"这个标签，并在这个过程中继续寻找更多的合作伙伴——阿拉伯人，有困难的孩子，还有社区——尽管在这些领域仍有许多工作要做。

学校的老师与校长们将自己视为积极的合作伙伴，致力于维持学校作为"与他者接触"的平台。他们试图为所有学生提供一种归属感、支持和认同感，无论他们的学业成绩如何。这所学校通常采取一种非正式的、开放的方法。

出于选择的犹太教

犹太人是指一个人有一个犹太父母，并认为自己是犹太人，接受作为犹太人的责任和特权。[12]

许多以色列人被客观地定义为犹太人。在广义的宪法意义上，以色列被定义为"那些被一些犹太人，即使不是所有犹太人，毫无疑问地接受为犹太人的人"的国家。[13]回归法不倾向于接受意识形态的检验，除非一个人明确地皈依了另一种宗教。该法律将一些不被正统派犹太教律法哈拉卡认同的人亦包括在犹太人中，例如改革派犹太人和犹太人的孙辈，这一定义是从宪法的角度发展起来的，比狭隘的正统派定义更为宽泛。科谢特学校是那些自愿在宗教、文化、世俗或复杂的背景下谈论犹太教的犹太人的一种社会化媒介。"选择"是学校的一个重要主题。教育文本被呈现在学生面前，而教师作为文本和学习者在知识和解释领域之间的积极媒介，让学生通过真正的研究、反思和自由选择的过程来选择自己的身份。

以其独特的"修复的意识形态",科谢特学校可能会为以色列社会提供一个积极的模式,为宗教和世俗犹太人之间的接触创造更多积极的条件。它可以作为和平时代和政教分离后未来教育方法的一个范例。可以假定,一旦摆脱了生存的基本问题,以色列人将更倾向于认真思考创造新形式的犹太人身份的复杂问题。

第四章 科德玛学校（Kedma School）

（7—12年级，约170名学生）

关于从阿拉伯国家来到以色列的犹太移民所面临的困难，已经有很多文章和观点。这些移民很难融入以色列社会并获得权力地位，现在人们普遍认为以色列在吸收这些移民的过程中犯了严重的错误。其差距在教育领域尤其大，起初，几乎没有人试图让他们融入社会，这些移民仍然生活在教育体系很差的社区里，到了20世纪70年代，人们努力促进学校里学生的融合，这种行动是基于这样一种假设，即这样会丰富弱势学生的知识。一些学生确实从融入社会中受益，但许多人被甩在了后面。在许多学校里，分流政策把较弱的学生集中在一个班级里，在大多数情况下，这些学生是来自欠发达社区的米兹拉希犹太人（Mizrachi Jews）。[1]在许多领域，"融合"在社会层面似乎是失败的。20世纪90年代末，一些事件凸显了来自不同社会经济背景的学生和年轻人之间的紧张关系。在一个案例中，就读于一所名校的来自富裕家庭的学生要求与他们的贫困同学分开乘坐校车。在几次报道中，媒体讨论了迪斯科舞厅的保镖拒绝让外表和穿着表明他们是米兹拉希的年轻人进入的事件。

融合的失败有很多原因，最显著的原因是它没有创造人和人之间**平等**的接触。一种霸权文化被认为是可取的，值得模仿，而另一种则被认为是庸俗的，最好被遗弃。学校里的课程从阿什肯纳兹犹太人和以欧洲为中心的角度教授犹太历史,而几乎完全忽略了犹太文化在阿拉伯国家中的丰富历史和经验。

从世界各地的学校中都可以看到对来自强势民族,拥有强大社会经济背景的学生家长的偏爱。美国的研究表明,学生的肤色越浅,老师对他们的态度就越好(即使老师是深色皮肤)。[2] 歧视存在于许多层面,阿穆(Hammou)[3]调查了青年审讯者对被警察审问的年轻人的态度,发现与对米兹拉希青年的态度相比("你是个天生的罪犯,你们这些人最终都会坐牢的"),他们对年轻的阿什肯纳兹犹太人的态度是宽容而优待的("别再做那样的事了,否则我无法告诉你会发生什么")。

科德玛学校的老师和创始人很清楚这些耻辱。作为回应,学校为那些被体制忽视和疏远的年轻人提供了一个再社会化的矫正项目,这些年轻人因此明白了他们的价值。从社会学的角度来看,这种模式可以在一个有抱负的资本主义社会背景下得到证明,即通过社会化的过程,每个人都可以了解到他们在社会中的作用是至关重要的,是有价值的。一些孩子被引导到一个成功的、被尊重的且有望成为管理者的未来,而另一些孩子则做着为前者服务的、自己毫无兴趣的、毫无挑战的、没有晋升机会的、低声望的工作。

再社会化是如何进行的?

科德玛学校位于耶路撒冷的卡塔莫尼(Katamonim)社区(和科谢特学校一样)。虽然科谢特学校位于该社区一个相对著名的地区,但科德玛学校则建在该社区住宅区的中心。

日记

尽管利库德领导的政府在20世纪80年代推出了城市

改造项目"复兴计划"(Project Renewal),这个社区还是相当破旧。附近的海报和标语反映了对米兹拉希社区政治和宗教领袖的支持,特别是沙斯党人。有时孩子会穿上耶路撒冷贝塔足球队的队服(这支球队的支持者主要来自耶路撒冷米兹拉希的工薪阶层)与一位戴犹太小帽的成年人一起走着,偶尔我注意到街上的民工,就像在特拉维夫一样。他们的存在证明了该地区的社会经济情况。

耶路撒冷教育局曾要求科德玛学校搬迁到另一个社区,但学校领导层认为,学校应该建在大多数学生居住的社区。与比亚利克学校一样,科德玛学校也非常重视与当地社区的联系。

学校寻求实施的"修复"意识形态认为,由于种族歧视和社会经济状况,许多学生在教育体系内没有享受到平等的机会,学校旨在纠正这种情况。学校还认为,教育体系中促进"融合"的努力没有给予这些孩子平等的机会,也没有尊重孩子们自己的文化。[4] 来这所学校的孩子在两个方面缺乏自尊心。在学业成绩方面,他们觉得自己是差生,因为他们迄今为止的成绩表明他们不如别人;在内在的压迫感方面,他们有一种模糊的感觉,即他们自身和他们的文化被认为是错误的。内在的压迫感是一个社会特征,是由统治者和被统治者之间的关系所支配的,我们在内夫沙洛姆学校的例子中也看到了。[5] 如上所述,学校的工作人员发现,当权者对阿拉伯人的态度和对从阿拉伯国家移民过来的犹太人的态度有很大的不同。然而值得注意的是,学校提供了一个不同寻常的泛米兹拉希身份,学校里也有非米兹拉希学生(包括来自埃塞俄比亚和俄罗斯的学生)。但米兹拉希身份成为所有受到压迫或发现自己处于以色列社会主流之外的人的统称,这是基于对阶级和不平等的分析。

身 份

学校里的许多米兹拉希教师都经历过不平等和歧视,尽管经历过这些,他们还是做到了现在的职位。在许多情况下,他们决定在科德玛学校工作是基于一种使命感。他们试图从事修复工作,这植根于一种认同感,对他们来说,学生在他们的老师身上看到了和他们起点相同,并能获取成功的榜样。这种相似性有助于教师完成复杂的任务。老师们全年监督每个学生的学业成绩,师生之间的大部分接触都是通过一对一的对话进行的。

和我们参观过的其他学校一样,这里的学生和老师之间也建立了相互信任的关系。就像在比亚利克学校一样,学生的社会和经济问题意味着师生间的讨论经常延伸到一般生活建议和生活技能领域,学生会相应地得到帮助。

通过处理学生面临的挫折和困难,教师们重新审视自己的学校经历,这些经历通常是消极的,被疏离感和失败感所主导。

教师

我记得我十几岁的时候……当我们上初中的时候,我们都很震惊。其他学生在做有两个未知数的方程,而我们远远落后了……我们在和时间赛跑,我必须赶上他们学过的所有知识。这对我们社区的孩子来说很难。我们一起上到九年级,然后我们分开了。从十年级开始,我在丹麦学校学习,我觉得我并不适应。有些人没能成功,我们每次见面都会问每个人在做什么,我能感觉到他们的尴尬……

这些个人叙述激励着教师,提醒他们在科德玛学校要不惜一切代价去避免一些情况。学校做出实实在在的努力以确保没有达到入学条件的学生在学业上取得成功。教师努力培养学生的学术能力、积极的自我形象和文化自豪感。教师高度的责任感有时可能会导致职业倦怠。

应对倦怠

学校的老师们面临着艰巨的任务。许多男孩和女孩因为他们多年来受到来自不同方面的不公平对待,在学校表现出他们的愤怒。[6]许多学生都需要一个基础深厚的支持体系来协助解决学术、社会和经济方面的问题。多年来,学校的老师一直不确定他们是否应该让咨询师或心理学家参与他们的教育工作。他们有理由认为,心理学家和咨询师有时被当权派用作筛选和指导学生(比如科德玛学校的学生)走向蓝领工作的工具。他们还认为,这些专业人士倾向于青睐那些与筛选系统相契合的学生。

克拉拉·约娜(Clara Yonah)是科德玛学校的创始人兼校长,她希望督导教师能取代其他学校由"治疗"专业的人士占据的位置。阿里耶勒(Ariella)[7]是该校负责员工培训的关键人物,他发表了如下观点:

> 拥有推土机般能量的克拉拉和她的创业团队将实用政策作为一种意识形态。其中一项政策是:没有人被排除在外,我们永不放弃希望。结果是没有学生会被开除,能让学生被开除的警戒线也不存在。这一原则仍然适用,但即便如此,它的极限也受到了考验。

这所学校最终找到了整合"治疗"专业的人员的方法,这些专业人员被认为采取了侮辱性的方式,具有文化偏见。科德玛学校整合资源的方式让人想起比亚利克学校的教师为帮助他们的学生所做的努力。两所学校的目标都是帮助学生学生发挥他们的潜力。两所学校都在激励学生取得进步方面做出了巨大的努力,他们几乎无条件地相信,如果给每个学生提供适当的条件,他们就有能力去学习。

许多在科德玛学校工作的教师对自己的未来感到迷惑。一些老师原本打算在学校工作一段有限的时间,也许是到他们第一批的学生毕业。他们的工作给了他们强烈的满足感,但工作所要求的高投入会导致他们精疲力竭。积极的反馈能够鼓励教师们留下,但低工资对他们来说则是一个打击。尤其是于男教师,他们觉得自己的地位受到了损害,并开始寻找其他的工作机会。学生自己也倾向于根据教师的经济状况来评估他们。

教师(男性)

我开着我的旧车来上学,他们找出价目表,嘲笑它多么不值钱。我告诉他们我真的不在乎,但他们不相信我。他们问我在这里做什么,还花几个小时幻想自己会购买的车。我们17岁的时候也一样,物质主义很难对抗。他们内化了社会的主流价值观。尽管我很爱这个地方,但当我审视自己时,我怀疑我在这里工作是否正确。

尽管老师有时会对学生不加批判地接受西方消费风气的倾向感到沮丧,但学生的言论表明他们也受到了老师的影响。哲学老师拉菲(Rafi)有着放荡不羁的外表,很受学生们的欢迎,他经常和学生们谈论选择的必要性,"就像克拉拉校长一样"。学生们以拉菲的经济状况为例,内化了克拉拉关于选择的观念。"好吧,这是他的选择,给拉菲一个装满哲学书籍的房间,他会高兴地坐在那里,就像其他人高兴地选择金钱和新车一样。"因此,学生被灌输了老师所持有的价值观,即使这并不是总能立即被人看到。

管 理

科德玛学校属于拥有同样教育理念的一系列学校(也叫科德玛)。然而,不同的学校在实现修复理念的策略方面存在显著差异。克拉拉认为,耶路撒冷的科德玛学校及其创始团队和员工是她实现自己教育愿景的理想之地。克拉拉有很强的个性、魅力和权威,她采用一种开放和完全非正式的谈话风格。许多老师都曾寻求她的关注和指导,她被视为学校风气的"守护者"。然而近年来,整个领导团队都在努力分解管理负担。这个团队包括大量有能力的管理者和领导教师,他们可以为领导层希望建立的、基于耶路撒冷科德玛学校独特模式的一系列学校提供未来的领导储备。

此外,学校亦致力让家长和学生特别是第一届毕业生,以及广大社会人士参与到学校的政策制定和决策过程。如前所述,教师和管理团队力图成为建设更多学校的先锋队,使以色列各地的学生能够在尊重其文化和背景的教育体系中获得他们的大学入学许可。

与比亚利克学校一样,科德玛学校的职员也反对学校独立经营的趋势。工作人员认为这种政策不可被接受,因为它把校长变成了筹款人,他们在这一领域的成就也会成为衡量他们是否成功的标准。不可避免的是,越是繁荣社区的学校独立经营就会越成功,并将获得更多的资源,从而进一步扩大社会差距。科德玛学校的工作人员认为,每个学生都有权平等地接受国家的服务和机会,以色列教育的主要问题不是任何特定的管理方式,而是为贫困儿童提供的教育资源与富裕儿童相较的差距。他们还注意到民族和族裔出身与学生状况之间的相关性,并认为只有当以色列国的所有儿童都享有平等的教育机会时,这种差距才能缩小,学校本着这种信念开展工作。

批判方法与"入学证明"

在意识形态方面,科德玛学校在困难和矛盾的条件下运作。它强调米兹拉希的文化和传统,这些在普通教育体系中几乎不存在。学校批评学生分流和歧视机制,如心理测试、教育顾问、心理学家和大学入学考试。与此同时,人们期望教师能够使他们的学生达到主导群体所设定的标准,并获得成功,这种期望确保了主导群体的持续霸权,即使他们所设定的标准被认为是非法的。尽管一些教师提出抗议,认为学生应该"自己决定"是否参加入学考试,但作为获得成功的一种手段,学校还是决定支持鼓励学生通过大学入学考试,尽管这种方法存在问题。[8]许多家长也提倡为了大学入学考试而学习,他们希望自己的孩子能比自己有更好的发展机会。

日记

我和12位家长及一位老师一起坐在G的家里。我们讨论有关学校和社区的问题。突然,话题转到大学学习的重要性上。父母们讲述自己上学时的"恐怖故事",并强调他们希望自己的孩子能上大学,在职业发展方面拥有比自己更好的未来。老师评论说:"在大学入学考试和学术研究的问题上,我们应该让孩子自己决定。"房间里短暂地安静下来。主持人G是学校里的一名活跃的志愿者,他是一个有魅力的、给人留下深刻印象的领导者,他回应道:

G:今天,学位真的很重要,就像人生的入场券。

S(老师):我有学位,很多没有学位的人挣的钱比我多。

G:没关系,这给了你选择的机会。

S：但我不是学教育的。

G：即使我儿子学的是古代史，经过培训后也可以当老师。所以他有真正的选择机会。你愿意接受我在科德玛学校当老师吗？你的薪水不高，但你在做你喜欢的事。我赚了更多的钱，但我在做我不喜欢的事情。如果我儿子想成为一名建筑工人，那没问题，但前提是他是出于自愿——首先他需要拿到学位。学位是人生的入场券。

这些言论反映了许多家长的立场。家长们支持学校的工作，很大程度上是因为他们认为学校为他们的孩子提供了他们自己人生中被剥夺的机会。科德玛学校的教师倾向于强调米兹拉希文化和自由教学法，然而，当他们试图向这个方向引导家长和学生时，他们遇到了一些问题，因为大多数相关人员不愿意接受这样一个革命性理念。教师们的方式似乎受到了被人们广泛接受的成功标准的影响。学校在某种程度上"投降"了，并试图在困难的条件下实施自己的计划，同时不放弃革命的理念，发展更平衡的课程，以反映米兹拉希文化的丰富性。

在科德玛学校可以观察到两种类型的教师：

a) 那些采用批判文化方法的人，他们试图将学生引入自由的对话中，使他们能够对整个社会采取批判的观点。这些教师站在认同的立场上工作，能够很好地从他们的个人经历中讲述痛苦。

b) 这种教师的工作基于较为温和的意识形态。他们站在同理心而不是认同的立场上，试图为那些没有得到平等机会的学生提供成功的方法。这些教师接受现有的社会秩序，但试图让他们的学生站在一个更好的起点上以在社会上取得成功。

两种教学方式是相辅相成的,两者都对孩子们做出了积极的贡献,并帮助他们取得成功。学生本人和他们的家长都坚持与现有秩序和解的立场,并为这样一所学校的存在而感到高兴,这所学校为学生提供了平等的机会。

课程体系

学校的课程试图创造一种范式的逆转。作为某种形式的文化压迫的受害者,学校的许多老师和学生不得不面对一种感觉,即他们的文化有"问题"。

S,一名教师,回忆自己的青春

以我在这里收藏的音乐为例,这些都是和我父亲过去常听的一样。但是在学校,我们听不同的音乐,我们羞于谈论自己的音乐。

我们会谈论摇滚和放克音乐。有些人坚持他们对米兹拉希音乐的热爱,强调他们粗糙的亚文化和身份。这些人早就放弃了融入阿什肯纳兹犹太人世界的梦想。

他们在"笨蛋"班级——补习班,7年级1班,然后是8年级1班。他们没有什么可争吵的,他们也没有身份认同的问题。

我的朋友向我介绍了齐柏林飞艇乐队,我无法忍受乐队演奏——我从来没有听过那种音乐。朋友们来的时候,我会拿出父亲听过的阿里克·爱因斯坦(Arik Einstein)的音乐和摇滚乐,听我父亲听的东西是可以的。但我把摩洛哥音乐藏起来了。

科德玛学校的老师在过去几年开发的语言和文化课程旨在

为在文化敌对环境中发展积极身份作出贡献。

克拉拉

我们不遵循文学、语言和表达的经典划分。我们已经开发了自己的阅读方式——我们自己选择文本,孩子们都很喜欢。我们把每个班分成三组,孩子们以 8 人一组的方式学习。学生们真的很喜欢这些课程。

这与我们在内夫沙洛姆、比亚利克学校和科谢特学校中遇到的学习模式是一样的——一个跨学科的、控制论的学习模式,使学生能够通过与文本的动态接触来寻找他/她自己的声音。文本起着中介作用,创造了一种与同伴和导师共同学习的体验。一些文本具有普遍性,而另一些则涉及米兹拉希和阿拉伯文化。

日记

我在旁听一节"语言与文化"课。这个小组包括 10 名学生和 2 名老师,他们一起管理这个班级。老师们上课很难,因为有个男孩老是打断他们。最后,其中一位老师大声喊道:"闭上你的嘴!"

男孩沉默了下来,老师们读了平夏斯·萨德(Pinchas Sadeh)文集中的一个民间传说。有些孩子听得很认真,一个男孩阴阳怪气地说:"多感人的故事啊!"老师说:"让我们来学习故事中的内容吧。""第五个内容,"一个学生建议道,他的朋友笑了。老师们解释说,传说没有时间和空间,人物也没有定义。他们试图引导孩子们对传说的看法——是积极的、消极的还是中立的?学生们发现很难理解这些概念。经过一番讨论,他们明白了这个传说的寓意,老师评论道:"这个不像灰姑娘,它不是非黑即白的。这个传说更接近现实生活。"然后她开始讨论故事中的重复情节。"很典型的，"其中一个孩子说。

另一个男孩号称："写传说没有那么难。"

老师回答说："当你知道了规则，就没什么难的了。"

老师们指出，大多数传说都有一个幸福的结局，但这个不是。孩子们为这个故事提议了各种可能的幸福结局。一个男孩的笔快干了，他走近我说："嘿，兄弟，你能给我一支笔吗？"我给了他。另一个学生试图表达自己，但发现很难造出一个句子。

老师们布置了与课文有关的个人作业，学生们努力完成。当他们写的时候，老师寻求学生的帮助："你们能告诉我谁缺席了吗？"

一个男孩建议："写下谁在这里，然后跟花名册比较一下。"

当全班重新讨论这个故事的寓意时，一个学生引用了犹太经典中的一句话："金钱蒙蔽了智者的眼睛，扭曲了义人的话。"这句话非常准确地概括了这个故事的寓意。当我问他从哪里知道这句话时，他回答说："从我儿童之家的辅导老师那里。"[9]

负责实施科德玛课程中语言和文化部分的教师面临着一项艰巨的任务。一方面，控制论对话（cybernetic discourse）需要通过对话进行合作；另一方面，教师必须对一些在之前的学校没有机会养成良好的学习习惯、丰富的语言和延迟满足的情绪能力的学生施加权威。只要有可能控制学生的行为，对话就应该是平静和敞开的。当这种平衡被打破时，老师会毫不犹豫地使用权威和强硬的语言，以向学生表明他们才是"老板"。尽管这样，在这种情况下，老师会注意学生的评价，学生也会听老师怎么说。我从未见过老师对一个不熟悉某个概念（无论是多么基础）的学生无礼地说话。然而，在这方面，孩子们不如他们的老

师那样圆滑,如下例子所示:

> 日记
>
> 学生会正在举办会议。会议正在讨论如何庆祝普珥节(犹太节日,具有狂欢节般的气氛)。老师向孩子们解释说,与其租用一个著名的迪斯科舞厅,他们还不如另找一个场地,雇一个主持人。其中一个孩子问:"什么是'场地'?"其他孩子对他的无知感到生气——"去某个地方开派对,笨蛋!"那个孩子很受伤,他痛苦地回答说:"那你为什么不直接说是开派对的地方呢?!"语言变得过于"丰富多彩"了。委员会主席看着我,似乎想起来这里的原因她鼓励她的同学们缓和语气。

"高级"文化和"低级"文化

"高级"和"低级"文化之间的紧张关系可以在科德玛社区的各个层面找到。这在教师们的叙述中也很明显,比如 S 对"正确"音乐——齐柏林飞艇、平克·弗洛伊德(Pink Floyd)、沙洛姆·哈诺克(Shalom Hanoch)等的观点,这与米兹拉希歌手尼西姆·萨鲁西(Nissim Saroussi)、佐哈尔·阿尔戈夫(Zohar Argov)等"坏的社会音乐"形成对比。有趣的是,只有那些放弃了融入社会的学生,才能"老着脸"完全认同最粗糙的米兹拉希文化。S甚至说他上学的时候会把金链子从脖子上取下来。[10]

当耶胡达·舍恩霍(Yehudah Shenhav)教授来学校见老师时,[11]这些关于"高级""低级"文化比较的问题、家庭出身的尴尬以及歧视都得到了体现。舍恩霍就这些问题举了自己的例子。

日记

舍恩霍是一个有魅力的人物,他开玩笑地笑着回忆道:"我们从伊拉克来到以色列后,我的家人也决定给我改一个听起来更以色列化的名字。有一次我在电视上谈论以色列社会,他们问我叫什么名字。当我说我叫沙哈拉巴尼(Shaharabani)的时候,我觉得我好像是在对全国人民大声说粗话。"

科德玛学校的风气是有意识地拒绝"高级"文化。老师和学生之间的关系是非正式的,普通的俚语是可以接受的。"高级"语言和"低级"语言的问题在员工会议上偶尔会被提出。

阿里耶勒

昨天我们在争论……如何让学生"使用多种语言",让他们能够根据语境有意识地、自由地从"高级"语言[12]转向"低级"语言,而不感到自卑或高人一等。当他们学习一种更丰富、更有智慧的语言时,他们会想方设法保持自己的身份,并把当地的语言作为自己身份的一部分。有些人崇拜希伯来大学的梅尔·布扎格洛博士(Dr. Meir Buzaglo)。当他在大学里讲哲学时,他使用当地的语言——他没有伪装自己或改变他的风格。其他人恰恰对他的这种做法感到不安,不喜欢他讲课时像个"街头兄弟"。有人评论说:"我不喜欢这样。"拉菲说:"我是一个存在主义者,我不想妥协并且贬低我的语言。在这里,我就像当地人一样说话。我是多元文化者。"[13]

然而,有趣的是,这所学校还使用了来自"高级"文化的华丽辞藻作为文化成功的标志。戏剧学习的年度演出是刺激整个学校的活动,引起那些不太"有名望"的学生的羡慕和嫉妒。在排练期间,主演们开始表现出明星们的一些行为举止,要求(和接受)"体面的工作条件"。实际上,几乎整个学校的人都出席了最后的演出,演出在耶路撒冷希伯来大学的斯高帕斯山校区举行,那里是西方文化统治的大本营。选定的剧目——美国、欧洲和以色列的——讲述了压迫和异化的问题,比如美国黑人和白人之间的关系。理解这些主题的社会背景不需要太多的想象力。应当指出的是,这些主题也在以色列的剧院里上演,剧院是以色列受教育的世俗阶层的精神层面的,甚至是宗教层面的堡垒。[14]

对语言的使用,对米兹拉希特征的隐藏,将戏剧作为培养文化能力的工具和孩子们的自我形象,都证明了对"高级"西方文化吸引和排斥的有趣辩证关系。耶胡达·舍恩霍在与科德玛的教师会面时引用了他自己的例子讨论了身份的模糊界限。毕竟,他的权力是由"西方阿什肯纳兹犹太人控制的堡垒"投资的。他指出,"身份问题非常复杂。我们都是米兹拉希人,字面意思是东方人,但我们可能也都是西方人"。[15]

舍恩霍的言论与麦克德莫特和瓦雷讷的观点相呼应(McDermott & Varenne, 2002),他们警告说,在一个多元文化的世界里,将日益复杂的身份划分到固定的类别中是很困难的。在科德玛学校,就像我们参观过的其他学校一样,寻找身份认同是一项复杂而迷人的任务。

教育对话

如前所述,学校里的许多老师都以自己在教育工作中遭遇歧视的亲身经历为依据,试图为了下一代的利益修复自己。"修复"一词并不意味着他们觉得自己有什么"问题",相反,修复具有一种社会和政治特征——一种自我激励的修复,一种在一个边缘化了不同人群的文化中找到自己的声音和一席之地的努力。

教师们并没有采用单一的方法来宣传米兹拉希的特色并诋毁任何西方或阿什肯纳兹犹太人的东西。相反,学校创造了一种批判性话语,让教师和学生面对当地的普遍现实。学生通过在呈现给他们的文化选项中进行选择来发展他们的身份,既包括抽象意义上的,也包括实践意义上的。哲学老师拉菲和戏剧老师哈尼解释了为什么在与学生的谈话中,学生会使用与米兹拉奇文化不一致的材料作为身份锚定。

日记

我在旁听拉菲的课。起初,有些学生觉得很难理解这门课的主题。然而,慢慢地,他们被他娴熟而有趣的"柏拉图的晚餐"主题演讲所吸引。学生们发现这顿晚餐和他们自己的世界有相似之处,一个女孩似乎很担心。拉菲后来向我解释说,柏拉图关于爱情的思想对她产生了影响,因为她自己对自己和现任男友的关系感到怀疑。几名学生回应了拉菲的问题,并从自己的生活中举出了具体的例子。

下课后,我问拉菲米兹拉希哲学在科德玛学校这样旨在培养米兹拉希意识的学校中的作用。

拉菲

我不需要因为我是米兹拉希人就去教米兹拉希哲学,尽管今年我对阿夫拉瓦内尔(Abrabanel)的哲学有一些关注。我认为柏拉图和苏格拉底是普世的,而不是西方或东方的。我不会因为我是米兹拉希人就不喜欢柏拉图。

日记

拉菲讨论了他所指导的一些学生所面临的困难。在科德玛学校,"指导者"的角色是全面的,结合了教师、父母、心理学家和朋友的各个方面。他向我讲述了学生H的故事,在我观察的课上,H有时会捣乱,但他也为讨论提供了一些有价值的意见:"H告诉我,当他无聊的时候,他就会出去偷摩托车头盔。他来自一个问题家庭。我倾听他,然后试着和他一起找出他所做之事的缺点。最近我开始在他身上看到一些变化。"

哈尼(Chani)

  我和上戏剧课的学生一起做的一件事就是和他们一起去看戏。他们喜欢米兹拉希主题的戏剧,但我注意到,随着时间的推移,他们对戏剧中米兹拉希角色的描绘变得更加挑剔。他们自得其乐,但也很挑剔。他们对被认定为阿什肯纳兹犹太人的角色没有任何想法,比如哈诺克·莱文(Hanoch Levin)戏剧中的角色。他们喜欢他的戏剧并不是因为他是米兹拉希人,而是因为他是戏剧天才。

  他们能体会到莱文所表达的痛苦。我记得我们去看了约西·巴奈(Yossi Banai)的戏剧《一生的工作》。有时观众笑了,但我没有。坐在我旁边的一个学生问我:"他们为什么在笑?这一点也不好笑。"那部分是关于生活中错过的东西。我非常感动的是,他们可以带着平等的感觉来到剧院,并采取批评的立场。学生们意识到剧院不仅仅属于"其他人"或富人。在这里,他们可以在不同的层面上认识自己。

  每当我们去剧院,你总能听到人们说:"那些游手好闲的小年轻是谁?"我偶尔听到有人发表这样的评论,包括耶路撒冷其他学校的学生,这真让我生气。有一次,我陪另一位老师带着她的班级去看戏,当其中一个学生听到有人这样评论时,她说:"她以为自己是谁,说出这样的话?"我突然意识到,事情对我们来说要困难得多,因为我们没有科德玛学校,我们甚至不敢想剧院可能适合我们。科德玛学校的学生则有不同的感受——他们觉得剧院也属于他们。

和科德玛学校的许多老师一样,哈尼和拉菲拥有深刻而复杂的政治、社会和哲学世界观,他们认识到身份问题不是一维或简单化的。社会中受压迫的一部分人不能在否定或排斥其他人的同时获得权力。无论是历史、哲学、文学还是戏剧,科德玛学校使用的文本都旨在让学生和老师了解普遍和已经存在的问题。这些文本——米兹拉希的,阿什肯纳兹犹太人的,欧洲的,国际的——由老师和学生重新加工,以以色列文化和世界文化为大背景,帮助那些参与科德玛社区生活的人解释他们的生活和存在。教师们经常惊讶于学生们在处理这些曾经被认为属于固定领域的文本时,能以自然舒服的方式成为创造性的伙伴。

在科德玛学校,通过文本赋予学生权力主要是通过教师作为文化中介而实现的,教师不是中立的代理人。教师积极鼓励学生在日常生活中内化文本的道德含义。

从力量和赋权的角度出发,课程的开发不仅强调米兹拉希文本,而且强调在社会上具有普遍性的文本,使科德玛学校的学生能够从有力量的文化体验中获益,并在以色列社会的多元文化话语中找到自己的位置。其逻辑是,这所学校正在培养新一代的学生,无论现在还是将来,都有能力参与有关社会正义和平等的斗争。

融入社区

学校强调其与周围环境关系的重要性以及对社区施加影响的必要性。在过去,学生们有机会证明他们已经吸收了学校批判性和挑战性的方法。科德玛学校的学生参加了与学校和社区问题有关的各种示威活动，设法推动问题解决并施加影响，学生通过这些活动获得了相当大的自信。

克拉拉

我嫉妒他们——我希望我能上一所这么有意义的高中。有一天暖气坏了，我和市政当局谈过了，但他们什么都没做。后来，孩子们组织了一次示威。我从特拉维夫赶来，他们告诉了我这件事。我支持他们，家长们也参加了示威，市政府也做出了回应。在一天之内，暖气又恢复工作了。奥尔默特（Olmert）[16]通过他的一名助手打电话给我，指责我煽动家长和年轻人，并声称我是示威活动的幕后主使，这是市政当局的猜想。我们的宗旨就是在这类问题上支持学生。

学校正与家长们密切合作，试图通过他们的个人叙述来重述卡塔莫尼社区的历史，该社区社会运动的记录为零。学校的老师 P 在向家长介绍这个项目时提到了一个事实："我去佐尔德研究所找关于卡塔莫尼社区的材料，但所有的东西都是关于犯罪、吸毒者和以色列黑豹党（Black Panthers）的。"[17]

鼓励父母叙述

为了收集讲述社区历史的"失落的声音"，学校举办了一场社区晚会，参与者讲述了他们对社区的回忆以及居民与当局的关系。以下是当晚的一些言论：

- 他们不让我使用产后服务，因为我没有 15 谢克尔来支付。

- 从临时营地搬到卡塔莫尼的公寓,感觉就像搬到别墅一样。
- 当一辆汽车开到附近时,人们常常问谁病了——一定是来看病的医生。
- 我是一名警察。工资很低,但邻居们互相帮助,真是太棒了。星期六,每个人都会坐在阳台上讲故事,每个人都在谈论他们从哪里来。我们过去常在犹太教堂见面,然后去喝亚力酒。有时人们开始争吵。我不喜欢卷入其中,因为我也住在社区。但当别无选择的时候,我会让他们中的一个带一些橄榄,另一个带一些亚力酒,问题很快就解决了。
- 学校条件不好,我们整天都在学习《圣经》《妥拉》和《塔木德》。对于阿拉伯语和英语,我们花了整整一年的时间才学会四个字母。他们不进行世俗的教学。
- 我没有学习《革马拉》,我错过了那些学习。
- 学校不是真正的学校。
- 学校就是一个大骗局,虚张声势。
- 他们不想在学校教"黑人"孩子。他们是二等公民。
- 我没有被丹麦学校录取,尽管我通过了考试。
- 我的儿子被发现有天赋,但在我闯进前市长特迪·科勒克(Teddy Kollek)的办公室后,他才被接受参加一个特殊项目。
- 我不知道我们以前被亏待了,今天我对此感到很生气。
- 以色列黑豹党人闹得沸沸扬扬,但他们给了他们每个人一项任务,要他们接受这场运动,让他们服从命令。

科德玛学校并不局限于组织"失落的声音"等项目,也不局限于记录社区的历史。作为社会教育项目的一部分,学校还与贝特萨法法(Beit Safafa)附近的阿拉伯社区进行了持续的接触。

克拉拉说，在两年的时间里，这些年轻人不时地与贝特萨法法的老师和学生见面。她对学生们学会接受对方的能力感到惊讶。然而这次经历远不止这么简单，例如犹太孩子听到了这样的言论："你们驱逐了我的家人。"

这所学校目前正在寻找其他方法来影响周围的环境，该校第一批毕业生是顾问委员会的成员。如前所述，学校目前还在努力开发一种"科德玛"模式的国家教育项目以满足全国各地社区儿童的需求。

结 论

S，学校的老师

科德玛学校的学生在身份认同方面的问题比过去少了，尽管他们仍然不会在公共场合表现出对自己身份的自豪。我很清楚耻辱的存在——很难忽视。我不认为大学入学成绩会改变这种污名化，这是地理、人口和自我形象问题的结果。

当我告诉人们我在科德玛学校工作时，人们对待我就好像我有病。我的熟人认为，一旦我不再获得这项工作的特别奖金，我就不会继续在这里工作了，就连我的同事也这么认为。当我和人们谈论这所学校时，他们问我关于耻辱和来这所学校的孩子。这种羞耻感已经根深蒂固。就连我父亲都问我，这所学校是否还有前途。但孩子们对我有影响。不是所有人都能拿到大学入学证书，但我相信他们中的一些人会在四年后得到他们的证书，就像我一样。我们提升了他们捍卫自身权利的能力，增强了他们能够自己做出选择的信念。

学校的一名毕业生在服兵役期间与受伤士兵的家人一起工作。在她参加的一个葬礼上,她哭了起来,她的指挥官很生气:"不能让他们的家人看到你哭。"她为自己挺身而出,对自己能够改变事情的力量、权利和能力充满信心。她的指挥官不接受她的做法,最后她离开了。

科德玛学校的目标是让毕业生的孩子来这里学习吗?这是最低要求。就我而言,如果我的儿子选择在这里学习,我会非常高兴。我希望我还在这里工作。我们还没有开发出所有东西,我们有机会影响学校的塑造过程。

在我们参观过的所有学校中,科德玛学校是第一所不以与"他者"接触的意识形态(ideology of encounter)为基础建立的学校。[18]其中一个原因在于教育融合项目的失败。虽然一些学生在综合性的教育体系中取得了成功,但他们被要求进行一定程度的文化"转换",许多人发现自己进入了以色列社会的底层。在许多情况下,精英家庭的孩子维持了他们的地位,而来自贫困家庭的孩子仍然保持着不变的社会经济水平。

科德玛学校受到自由教育和激进思想家如弗莱雷(Freire, 1994)的影响。这所学校旨在满足一大批学生的需求,这些学生在完成小学学业后,发现自己被贴上了"失败者""查无此人"和"问题学生"的标签。

这所学校由专业人士建立,他们对学生和他们所承受的痛苦产生了强烈的认同感。许多教师重温了他们在青少年时期被迫隐藏自己身份的过程,他们试图适应周围的环境,但并不总是成功。这个破坏性的过程让他们有一种被拒绝的感觉。然而,并不是所有的老师都有这样的经历。事实上,并非所有科德玛学校的老师都是米兹拉希犹太人或欠发达社区的居民,[19]这些老师的基本立场是同理心。有些教职员没有高度发达的社会批判能力,但他们努力让学生有机会在面对全球消费主义的艰难挑战中获得成功。

　　学校的目标是让学生为自己的文化遗产感到自豪。它的目的是反对边缘化，反对被压迫群体内化压迫感，或是为自己的处境责怪自己。学校对学生采取全面的方法，指导教师提供了青少年和成人世界之间的重要纽带，他们有责任为每个学生创造成功的条件。科德玛学校的老师很少对学生进行分类，也很少采用刻板和轻视的方法对待学生，表现出这种态度的教师通常会在短时间内离开学校。

　　尽管第一届学生在大学入学考试中取得了惊人的成功，尽管老师们的态度积极，尽管他们付出了许多个人关怀，尽管工作人员尽心尽力，卡塔莫尼社区的一些家庭仍然将科德玛学校视为为"失调"儿童开办的学校。学生们并不会骄傲地告诉别人他们在这所学校上学。他们和他们的父母会问："如果这是一所好学校，为什么没有入学要求？"这些言论是消极自我认知内化的证据，就像伍迪·艾伦（Woody Allen）版格劳乔·马克思（Groucho Marx）的名言"我永远不会加入一个允许像我这样的人成为会员的俱乐部"。

　　科德玛学校是一个例子，证明了一个敬业和理想主义的工作人员可以在被社会抛弃的学生身上实现什么。再一次，我们看到关注、温暖、支持，最重要的是爱，爱几乎可以让任何学生取得成功。然而，科德玛学校并不满足于此，它还提供了一个政治避难所。在这里，具有高度发达的社会政治良知的教育者通过提供教育，充当知识的中介来参与观念革命。这种修复行为体现为在通常是职业学校所在地的社区建立一所学术高中，而这些学校往往不令人鼓舞。教师与自己、学生和家长进行持续的批判性对话，目的是激励整个学校社区参与赋权的过程，并发展积极的身份。因此，该学校对仍处于萌芽状态的以色列社会做出了社会和社会批判性话语方面的贡献。

　　学校为排斥和异化的残酷叙述提供了空间，这些叙述在很大程度上是以色列国有缺陷的社会化机制的产物。50年的共同生活本应带来重大的社会变革，但对科德玛这样一所学校的迫切需求表明，人们还没有吸取教训。我们并不缺乏社会学的理论知识，但这些知识甚至没有推动改革和行动，以色列的社会制度继续维持着现状。[20] 另外，有趣的是，虽然内夫沙洛姆的学校或多或少地作为一种成功模式存在，反映了一种真正的创造与"他者"平等接触的尝试，但在以色列，似乎甚至没有一所学校试图在阿什肯纳兹犹太人和米兹拉希犹太人之间创造类似的融合。至少在目前，米兹拉希犹太人似乎已经放弃了保留和重视自己文化的希望。

第五章 哈代拉的民主学校（The Democratic School in Hadera）

（1—12年级，约300名学生）

在努力实现教学方法和传统教育的真实而深刻的改革中，以色列和世界各地的许多教育家都受到尼尔（Neil）思想的影响，这反映在他的经典作品《夏山》（*Summerhill*）中。《夏山》这本书，以及科尔伯格[1]（Kohlberg）和格林伯格[2]（Greenberg）开发的后续模型对提倡传统和竞争性教育的人提出了严峻的挑战。

在美国逗留期间，我在补充性的犹太教育体系中工作。这个教育体系为在不同日校学习的犹太男孩和女孩提供夜校课程。在我的教育工作中，我注意到与其他孩子相比，来自基于尼尔和科尔伯格开发的综合模型的学校的男孩和女孩表现出了更高水平的领导能力、创造性思维和自信。这些学生似乎有一种更简单、更自由、更轻松的风格。这似乎也是给访问哈代拉的民主学校的人留下的印象，哈代拉的民主学校是以色列教育体系中贯彻这种方法的先驱之一。

哈代拉的民主学校具有广泛的和普遍的身份。尽管具有地方特色，但它构成了解决类似问题的国际化链条的一部分。在许多国家，如在以色列，民主与社会中其他活跃力量之间存在一种紧张关系，因此许多公民不了解完全民主生活的真正含义。

116　　哈代拉的民主学校创始人的愿景也与其个人的痛苦过去有关。雅各布·赫克特（Yaakov Hecht）有图形认知障碍和阅读障碍，直到九年级他都设法向老师隐瞒他无法阅读的事实。这个惊人的故事说明了老师是如何受形象影响的，以至于一个聪明的学生可以愚弄一个以个人形象为评价基础的系统。学校没有满足雅各布·赫克特对特殊学习方法的需求。学习心理学后，赫克特决定建立民主学校。1987年，在与一群教育工作者、家长和孩子们的合作下，学校成立了。现在有300名学生就读这所学校，该学校被认为是世界上同类学校中最大的学校之一。

与我们参观的其他学校相比，民主学校的每个学生都拥有很大的选择空间。学生可以计划自己的时间表，并不被要求参加所有课程。但是，一旦他们开始参加特定课程，就必须达到其要求。每年学校举办数次由教师、学生或校外专家举办的专题研讨会或工作坊。

一般来说，只要人们在没有强迫或限制的情况下做自己感兴趣的事情，他们就会自然而然地渴望学习。在常规体系中，这种欲望往往会因强制、停滞的学习方法和人为的秩序而被破坏。在民主学校，没有人为的压力要求学生去读完一定数量的学习材料；每个学生都有自己的学习节奏。

老师

　　有的孩子五岁就能阅读了，有的孩子七八岁才准备好。那么为什么常规体系要决定每个人都必须在六岁时学习阅读？这一决定意味着有一半的孩子将被迫成为低成就者。至少他们没有决定所有托儿所的孩子都必须在一岁的时候学会走路，否则他们就必须给十四个月大的婴儿上学习走路的"辅导班"。

日记

　　学校的物理结构让人想起基布兹，就像内夫沙洛姆的学校一样。建筑物分散在大片区域中，周围环绕着桉树。小孩子们在低年级区玩耍。大多数年幼的孩子可以在离低年级区稍远的地方走动和玩耍，但他们更喜欢留在"他们的"区域。两个六岁的孩子和一只友好的白猫玩耍。一个孩子独自坐在老师身边学习阅读。几个孩子在使用电脑。许多老师和孩子穿着宽松的彩色裤子，和西奈半岛的以色列度假者一样。有些孩子对我的出现感到不开心。来访的人太多了，每周的学校会议要对学校生活的方方面面做出决定，他们也一直试图限制来访。当我走近时，两个男孩发起了关于激进教育的"学术"讨论，以对我的来访做出幽默的抗议。

　　学校的精神建立在自由的基础上。每个人都有权做自己选择的事情，只要他们的行为不损害他人或环境。当学生以自由人的身份管理自己的生活时，他们不会觉得教育是在强迫他们。即使学生在学校没有做任何事情，他们仍在学习。如果一个十一年级的学生愤怒地指责学校"没有强迫我学习任何东西"，回答是"他学到了非常重要的一课，即浪费时间不是一个好主意"。

民主管理

　　学校没有通常意义上的校长。雅各布·赫克特还在管理的时候我参观了学校，即便他是管理者，他也仅仅是学校议会的成员，和其他人一样只有一票。在我观察会议期间，他一直打断主席，经三次警告后，他被要求禁止在会议剩余的时间里发言。会议讨论关于在学校建立实验室的必要性（或没有必要）。偶尔会有六七岁的学生发表评论,高年级的学生则以宽容的微笑回应。不过,非语言信息很明显:议会不适合年幼的儿童。

学校议会是立法机关,而行政部门(委员会)负责根据不断变化的需求实施学校的政策。学校的司法部门对违反学校法律的社区成员实施制裁。

老师

有时,学校里的学生会互相推搡或打对方,例如在足球场上。但即使是年幼的孩子也知道,如果他们警告大一点的孩子说他们会去纪律委员会,大一点的孩子也会真的害怕。

尽管采取了民主的方式,学校也还是保留了校长一职,因为教育部不承认没有校长的学校。然而,学校明显反对一切形式的集中管理。各个委员会执行学校政策(教师委员会、招生委员会、财务委员会、活动委员会等)。灵活的管理和民主的过程意味着学校处于不断变化的状态。

十年级学生

学校的所有学生都应该参与议会。我们希望情况是完美的,但我们还没有做到。我们不断地进行改变并提出问题。我们学校提出的问题,例如,议会正在讨论学生的录取方式,经过一天的辩论,录取过程将与现在完全不同。每个进入学校的人都会改变一些事情,并且每一个人也都变了。如果我告诉你现在发生的事情,我的评论本质上是有局限的,因为我并不知道所有的事,现在发生的事情将来会发生变化。

这个想法是将民主融入学校。民主有两个条件:第一,人权、行动自由和思想自由等的存在。在这里,我们也有不同年龄组之间平等的原则,这在其他体系中是找不到的。我们都是平等的。第二个原则是三权分立。在普通学校,教师是立法者、法官、批评者和执行者,是最高权威。老师上面有校长,然后是教育部里我不认识的人。在这里,权力被分开了。我们有议会,这是属于每个人的最高权力机构。所有从4岁到18岁的学生,以及家长和老师们,每周会面一次。有时只有25个人来讨论,但如果有重要问题,就会有更多人来讨论。

孩子们非常重视参与学校的民主管理。因此,当他们毕业后去到其他机构,例如军队、高等教育或就业时,他们不会满足于成为社会中的齿轮。在成长过程中他们意识到自己有权实现自我,并意识到周围的人也有自由和自我实现的权利。

学校内设有促进民主教育研究所,帮助家长群体建立更多的民主学校。

学习方式

在我参观过的学校中,民主学校对学习方式的个性化适应程度是最高的。自由和非强制性的方法使每个学生都能找到独特的表达和学习渠道。除了正式的活动外,学生们还学会了利用非正式的时间进行学习,从而形成了关于学习的非常广泛的概念。[3]

学生

关于学习,老师、作业和练习册并不是必要的。学习也可以通过其他方式进行,例如通过对话和人际互动。这就是为什么我们有很多课外活动。离我们不远处,两个孩子正坐着画画,这不是在上艺术课。当我想学画人像的时候,我去找美术老师,他给我指明方向,还给我布置了作业,这不是课堂作业。同样的事情也适用于英语或数学。每个学生的数学等级不同——这完全取决于他们的水平。

学习中心全天开放,并配备了熟悉材料的教师。每个学生都可以在没有事先安排的情况下来学习。学校每周还提供各种课程,学生可以自由参加全部或部分的课程,也可以不参加。

日记

我在图书馆附近。一位老师正在与她遇到的两个学生交谈。

老师:明天早上你准备做什么?

学生:不知道,您有计划吗?

老师:你来上课,我来教。

学生:如果你坚持的话,我们就来。

老师:如果你们真诚地邀请我,我就来。

每个学生都必须选择一名教职员工作为他/她的导师,帮助学生准备个人时间表,这几乎具有大学的元素。如果我们描述的开放体系仍然不能满足学生的需求,他们也可以与任何老师关于课程中未包含的学习科目达成个人协议。协商后,学生们甚至可以每个月花几天时间在"校外"学习特定的科目。[4]

与社区的联系

由于这所学校创造了一种人为的、民主运作的城邦(人为是因为成员们实际上并不居住在那里),所以普遍的感觉是,学校本身就构成了一个社区。与比亚利克学校、科德玛学校和内夫沙洛姆的学校不同,这所学校的孩子没有地理上的共同点,他们来自远至如海法、特拉维夫和阿富拉。这所学校可以建立在以色列的任何社区,而且经过一些改变,也可以建立在世界任何地方。与其他学校相比,它不太重视与周边社区的接触,但它对于帮助其他地方的民主学校有一种强烈的愿望。许多教师在以色列各地巡回讲学,感兴趣的家长们也参观了这所学校,并发起了建立民主教育研究所的倡议。学校力求影响他人,因此它公开表达自己的观点,并帮助建立新的教育体系,为儿童提供人性化和民主的教育选择。

截至撰写本文时,学校还没有任何需要个人投入的有组织的志愿服务体系。此类活动过去曾举行过,目前一位教师正在研究这个问题。

很多学生都希望就读于民主学校,但要获得一个名额并不容易。教师和学生必须面对一个由教师、家长和学生组成的招生委员会。如果未来的老师对委员会的组成表示惊讶,那么他们被录取的机会将很小——普通学校的教师不习惯看到学生处于权威地位。

为了加入学校社区,未来的学生必须表现出在民主社会中行动的意愿,父母必须支持本着民主精神养育的孩子。学校工作人员认为,当家庭体现的价值观与学校体现的价值观不一致时,学生就会受到影响。一些学生开始意识到,他们实际上更喜欢基于竞争和成绩的规范体系。在这种体系中,他们可以努力取得优异成绩并获得认可。在这种情况下,他们离开学校,有时甚至是违背父母的意愿。雅各布提到了一个案例,他不得不说服父母允许他们的孩子离开学校,因为他具备竞争的天性,而民主学校缺乏竞争的挑战。

一个孩子回忆说,

> 我想在9年级加入民主学校,但没有空位。当我开始

在学业中下滑时,我再次尝试了一次,那一次我成功了。

我停止了在以前的学校学习,因为我不同意他们的方法。我成了一个差生,想读一所不一样的学校。最终我找到了最好的选择,现在我将参加大学入学考试。

许多在普通学校经历痛苦,但在民主学校表现很好的孩子也有类似的评论。然而,录取过程和学校的文化也暴露了它的弱点,这在以色列的其他民主学校中也能看到。这些学校往往会吸引某种类型的学生,其中大部分来自世俗、阿什肯纳兹和左翼家庭。在招生时,学校不会或至少不会公开根据这些特征对他们进行评估。但是,由于学校要求学生的家庭在家传递"符合学校精神"的价值观,学校会欢迎已经在家中吸收了这种价值观的学生。

此外,一些家长们必须能够支付由于住得离学校很远而产生的通勤费。这些费用只有相对富裕的家庭才能支付,每月支付 125 美元左右对许多家庭来说不是小事。

2000 年,教育部长约瑟·萨里德(Yossi Sarid)反对在阿拉德(Arad)开设一所民主学校可能是对的。民主学校实际上加剧了社会分裂的观点有一定的道理,因为它们使来自特定背景和精英背景的学生聚集在一起,从而造成其他学校此类生源的一定程度上的流失。

民主学校的学生意识到他们的文化孤立主义。在大礼堂与学生的一次会议上,包括 S 在内的三名学生回答了实习老师的提问。一位实习老师询问了招生委员会接受候选人的方式。"我们的选择确保我们不接受任何不合时宜的人。"S 补充道,"如果他们是乡下人或右翼分子,他们马上就会离开这里。"

从修复意识形态的角度来看,这种方法是有问题的。虽然学校肯定会向学生灌输民主价值观,但从社会学的角度来看,它似乎是在向皈依者宣教,迎合那些在灌输特定文化规范的家庭中长大的孩子。

相比之下，耶路撒冷的实验学校(the Experimental School)设法保持了一定程度的融合，这所学校采用了激进的教育方法（在不同程度上，贯穿多年来的不同时期）[5]，正如前面提到的科谢特学校一样。科谢特学校多少受到实验学校的影响。在欠发达地区，或在能够促进融合的地区开设的民主学校（或激进或自由）应该从不同于哈代拉的民主学校采用的出发点开始。例如，科佐尔(Kozol)指出了美国黑人聚居区学校"自由"模式的弱点。这些学校没有为孩子们提供阅读、写作和算术等基本技能——如果这些孩子要在技术世界中生存，科佐尔认为这些技能必不可少。他认为，黑人聚居区需要的领导者是那些在建筑、工程和医学方面拥有知识和学位的，"不管你喜不喜欢"，这些科目并不能像一个人学走路或做爱一样自发地学会。[6]哈代拉的民主学校的学生比来自贫困社区的学生更有优势。他们有家庭的支持，他们从非正式的，关于学习和工作的文化准备中受益。他们周围都是可以作为榜样的"成功"人士。当我在20世纪90年代初期短暂地参与在一个繁荣的社区建立一所民主学校时，让我震惊的是，所有的父母都是阿什肯纳兹犹太人，受过教育并且富裕。正是这种同质化的精英主义，以及社会对复制这些的渴望，让我离开了那个团队。

值得注意的是，自从我完成了对哈代拉的民主学校的研究后，创始人雅各布·赫克特虽然同意学校可能有一种精英主义的味道，但他也告诉我有两所新的成功的民主学校在大特拉维夫地区的贫困社区运营。我也从其他地方听到了这一消息，对这些新的尝试进行分析和研究当然是值得的。在此，我的分析仅涉及哈代拉的民主学校，不涉及新学校或在以色列运营的其他16所或更多的民主学校。

对教育部的态度

和我考察的其他学校一样,这所学校对教育部也表现出矛盾的态度。如果不是教育部的要求,学校就不会设有校长这个职位。哈代拉的民主学校的校长比其他地方的校长权力更小,他的主要职责之一是在学校和教育部之间进行调解。

由于民主制度和专制制度之间的差异,民主学校与教育当局发生了相当大的冲突。一个有趣的例子是一位世界知名艺术家的倡议和工作,他专门与孩子们共同规划建立游乐场——这种方式符合学校的精神。当他同意来学校规划和搭建游戏角时,学生和老师们都兴奋不已。

一位学生回忆

> 孩子们卖蛋糕,收钱,策划了游乐角。他们与来访的艺术家一起设计了这个区域。但建成后,教育部以各种安全规定要求我们拆除一半的设施。有趣的是,在我们移除它们之后,孩子们开始受伤。[7]

不过,教育部和学校主要通过教育部的民主教育部门进行了对话。[8]已经做过一些尝试,使几所现有的学校更加民主。然而,民主学校主张建立全新的学校,因为大多数学校的主导文化很难引入变革。[9]

公开课程

科尔伯格对正规教育体系最尖锐的批评之一是存在"隐性

课程"。[10]该术语指的是未出现在学校公开政策中的课程。比如我在耶路撒冷地区的一所综合初中教书的时候,虽然全校都明令禁止吸烟,但大家都知道体育馆后面有吸烟区。课间巡逻的老师和学生之间有一种暗中约定,学生不在公共场所吸烟,老师也不跟着他们。有时学生会在去了吸烟区后直接走到我面前说"最近怎么样,老师?"我们都意识到他带有一股烟味,很明显他去过那里。

日记

我和一群感兴趣的家长一起参观了哈代拉的民主学校。我们看到学校已经预留了一个吸烟角落供学生和教师共同使用。一些父母看到一个看起来大约十三岁的孩子嘴里叼着一支烟,他们吓坏了。参观组里的心理学家评论说:"他还是公开抽烟比较好。"

学校的民主管理,学生对自己的学习/生活负责,愿意讨论几乎任何事情,这意味着学校里几乎任何隐蔽的主题都立即变得公开和合法,任何话题都值得讨论。当来访的实习教师询问学校的老师是否并不担心学校可能没让孩子们为"真实生活"做好准备时,他回答说:

幼儿园是小学的准备,小学是初中的准备。初中时,他们教给孩子们适当的学习习惯,为他们进入高中做好准备,而高中则是为军队和大学做准备。而大学是为生活做准备。在这所学校,我们不会等待。我们不是在为生活做准备,我们就是在生活。生命就在此时此地。

这个有趣的评论反映了生活在"此时此地"的愿望,带着生活本身的所有复杂性。[11]学校与生活本身有关,而并不是与行为的某一部分相关,这为处理在其他学校仍然隐蔽的问题创造了机制。此外,由于没有考试和竞争压力,也就不需要作弊机制了,而作弊机制是许多学校隐性课程的共同特征。

在许多学校里,口号与现实之间存在着巨大的差距,尤其是在正义、平等、权利等领域。学生们了解到这些是极好的口号,但有时学校的运作方式与它所宣称的口号相反,并且是由一些以强硬和歧视性的方式行事的人在运作。因此,学生明白了存在"真实而残酷的游戏规则",这些构成了隐藏在宣言、学校"风气"和普通学校学生经常签署的"契约"背后的隐性课程。[12]在民主学校,没有关于民主价值观的空洞口号。学校里的学生并不是抽象地生活。他们通过解决真实的日常问题来了解民主的实际意义。[13]

结　论

哈代拉的民主学校由一群家长和教育工作者在心理学家雅各布·赫克特的领导下建立,这位心理学家曾受到"工业化"教育创伤带来的影响,为普通教育体系提供了另一种教育形式。这是一个有趣的选择,可以挑战普通的教育体系,普通教育往往会阻碍大量具有创造性特质、不适合学校固定形式的学生。民主学校将学习的概念扩展到生活本身,试图为参与实验的社区创造"此时此地的生活"。

民主学校满足了许多学生在普通学校无法被满足的学术和个人需求。有些人最初陶醉于学校提供的自由,抽出时间反思和玩耍。然而过了一段时间,在没有任何强迫的情况下,他们发现实际上自己想要并且喜欢学习。有时,学生希望证明自己可以成功而选择学习有困难的科目,并在这个过程中享受挑战。

这所学校的孩子们学会了对自己的生活负责。这反映在课程的选择上,反映在他们参与解决几乎所有可能的人类问题的民主过程中,以及将个人偏好和多数人的决定结合起来,同时也考虑到少数人的学习模式上。这种社会化过程培养了一种对"他者"更宽容的态度。[14]尽管来这所学校的孩子的家庭可能已经致力于这些价值观的培养。

在民主学校,卓越的定义不是与其他学生比成就,而是根据个人设定目标以及按照自己的原则和目标生活的能力。[15]有些目标是集体设定的,因此,成就有时是集体的。很大一部分研究是在混合年龄组中进行的(下面提供了这一领域的比较),包括通过玩耍进行的非正式学习和学校提供的各种项目。

在文化方面,由于学校学生和教师的简况,他们的身份具有高度普遍性和分散性。许多参与其中的人认为自己是能够按照普遍正义原则行事的世界公民。许多教师被学校派往世界各地的民主学校参观,也有一些教师来这个学校学习和度过时光。这些访问的花费并不昂贵,因为住宿主要在学校或教师的家中。学校的目的不是让学生接受犹太复国主义或犹太教方面的特殊教育。这里有一种学术自由的氛围,参与学校社区的每个人都根据个人的品味和倾向发展自己的身份。

这所学校为实习教师和已经在这一领域工作的教师提供了一个有趣的挑战,它提供的另类教育值得认真考虑,值得提出一些重要的问题。如果非传统学校学生的成绩不亚于普通学校的学生,也许就应该重新审视对学校的选择。当我们的孩子可以享受一个将学习视为积极体验的教育体系时,他们还要在一个严苛、官僚、没有人情味和专横的教育体系中受苦吗?在美国,我遇到了很多就读于此类学校的学生,他们往往更加自信地做出自己的选择。在个性上,他们不惧怕承担责任,在团队中发挥领导作用。当我在犹太补充教育体系中任教时,我注意到就读于斯卡斯代尔非传统学校(The Scarsdale Alternative School)[16]等学校的学生几乎总是提出更复杂的问题,并且表现出比同龄人更高的兴趣。

然而,与此同时,我们不能忽视伴随民主学校系统网络发展而来的问题。当父母行使其权利为子女提供他们认为最理想的教育时,结果是来自特定社会背景的学生被引导到这些学校,从而使不同人口阶层之间的隔离和群体差异永久化。学校为个体的接触提供了成功的经验,但由于其同质性和某一特定类型的学生涌入学校,不同文化之间的接触却失败了。

伊芙塔·戈德曼(Yiftah Goldman)是位于贝特希迈西(Beit Shemesh)的坦木兹(Tammuz)城市基布兹的创始人之一,他声称:"民主的方法意味着对特定社会提出批评,并且必须努力改变该社会。创造另一种社区的人实际上放弃了民主的基本原则,那就是改变整个社会。"[17]戈德曼认为,科德玛学校比哈代拉的民主学校"民主"得多,因为它使年轻的男孩和女孩能够获得原本无法获得的成就。这样促进了以色列教育体系内更大的平等,斯威斯基(Swirski)认为以色列教育体系饱受制度化和故意不平等的损害。[18]在戈德曼的评论中,他提出了强调平等原则的民主方法与强调权力问题的民主方法之间有趣的冲突。民主学校让人想起美国的民主方式,强调个人权利和自由。戈德曼的批评使他更接近于欧洲的做法,后者在经济和社会差距仍然存在的民主社会中找问题。[19]

可以假设将孩子送到民主学校的父母有着复杂的原因。在网上发表的一篇文章中,迈克尔·勒纳(Michael Lerner)呼吁通过与私人教育体系进行比较来检验公共教育体系。[20]勒纳指出,把孩子送到民主学校等机构读书的父母很容易被指责利用阶级特权;然而,这些学校为他们的学生提供了一个深刻体验自我审视过程的机会,以澄清存在主义问题,并对世界和人类的存在产生更全面的思考。这些父母对常规的公共教育体系感到失望,因为公共教育体系往往无法为孩子提供一个安全的环境来促进情感成长和发展归属感。勒纳建议,公共教育体系最好将这些特殊学校的方法内化,这并不是贬低为更广泛的社区提供服务的重要性。以色列的民主学校也可以作为一个重要的实验室,帮助那些寻求内化和实施更民主的学习方法的普通学校。因此,民主学校就像一面镜子,使常规教育体系能够审视并自我批评。

　　凭借其自由选择之精神,民主学校赋予个人权力,让他们在塑造自己生活的同时发现自己想要采用的方法。这样做,它解决了尼尔在《夏山》中提出的问题,[21] 即父母是否有权根据自己的品味和信仰塑造孩子的精神世界,以及成年人是否有权告诉孩子他们应该如何生活。民主学校给出的答案很明确:不。在一个负责社会化的教育体系中,在一个仍然具有肖像性和高度特殊性的社会中做出决定的自由,制造了一种值得进一步关注和研究的有趣张力。[22]

第六章 比较和结论

129 在我的研究过程中,我参观了五所以"修复"为理念运营的学校。科德玛学校、内夫沙洛姆的学校和科谢特学校都是为了修复以色列社会存在的裂痕而建立的。比亚利克学校进行了改革,以解决新的和正在出现的裂痕。最后,哈代拉的民主学校所提倡的修复理念在性质上更为普遍,与"传统"的学校实行的学习方法更为相关。

神话与民族精神

正如我们在讨论内夫沙洛姆的学校的模式时所指出的那样,神话是一种故事,它为特定社区的成员提供了他们存在的理由,即群体存在的意义。而民族精神是神话所规定的生活方式。神话由次级神话组成,次级神话与主要神话的元叙事相联系,神话根据不同时期不同群体的需要而发展和消亡。[1] 直到今天,我们仍然把牛顿的理论作为功能理论来使用,尽管它被证明是错误的。这是因为,在某种情况下,它仍然会为我们提供充分的解释。如果我们转向马萨达的神话,我们会看到约瑟夫斯·弗拉维乌斯(Josephus Flavius)认为这是一个有价值的故事,因为他也是一名战士,而因此能表现出勇敢和英雄主义。数千年来,由于犹太教和拉比对马萨达的集体自杀表示不屑,这个神话处于

"休眠"状态。大约80年前,由于犹太复国主义运动对马萨达战士宁愿自杀而不投降的精神的认同,这个神话再次焕发生机。马萨达成为犹太复国主义元叙事的次要神话之一,以色列士兵爬上这座山并宣布"马萨达不会再沦陷了"。

犹太复国主义是20世纪一项独特的国家工程。它将犹太人对锡安神话般的渴望转化为一种能够变为现实的实际意识形态。第一批来到巴勒斯坦的犹太复国主义者将自己视为修复的意识形态的伙伴,他们来这里是为了创造一个全新的社会,建立一种新的犹太人。他们不会在外邦人面前屈服,而是坚强、自信,掌握自己的命运。有些人,如 A. D. 戈登(A. D. Gordon),试图通过修改现有语义的意义来维持与犹太传统的象征联系。"工作"一词的意义从完成上帝的仪式工作(或敬拜工作)转变为耕种土地——一种发展个人灵性的行为,并不亚于对神的崇拜。第一代人能够与犹太传统进行批判性的对话,因为即使他们与其相悖而行,他们对它的内容仍然了如指掌。然而随着时间的推移,由于各种复杂的原因,许多世俗的犹太复国主义者与犹太传统和文本之间出现了鸿沟。与此同时,世俗的以色列人和大多数有宗教信仰的以色列犹太人之间的分歧越来越大,不管他们是什么教派。科谢特学校重新审视了这一危机,这一危机的表征之一是在20世纪50年代创建了独立的宗教教育体系,而今天它寻求创建犹太复国主义话语,让学生从不同的宗教和世俗立场接触犹太传统。

犹太复国主义为一种没有土地的人民提供了一种修复的过程,人们为在他国的保护下没有主权而生活付出了沉重的代价。犹太民族的家园确实建立在以色列的土地上,但与许多犹太复国主义者的历史解释相反,这不是一个"没有民族的土地"。对一个民族所遭受的不公正的补救会给另一个民族带来新的不公正。可悲的是,犹太复国主义的成功也构成了以色列人和巴勒斯坦人之间新的民族裂痕的起点,这是内夫沙洛姆的学校所关注的裂痕。

数以百万计的犹太人从阿拉伯国家移民到以色列,在种族和阶级性质上造成了进一步的裂痕,部分原因是吸收新移民的当权体制存在歧视。[2]它试图将一种"文化转换"的过程强加给移民,其依据是一种种族中心主义的信念,即只有一种犹太文化值得他们跟随。反文化胁迫从最早的移民时期开始出现,而在以色列黑豹运动出现、利库德集团的崛起和沙斯党成立后才被当局所注意。我们从科德玛学校家长的故事中了解到,他们作为卡塔莫尼社区居民的经历要复杂得多。

作为一个有许多裂痕的移民社会,以色列国仍在寻求自己的身份,并寻求作为中东地区一部分的归属感,安全威胁使以色列人很难形成一种与政治冲突和与"他者"的暴力冲突无直接关联的身份认同。尽管面临这些困难,以色列经济还是增长了,并且几乎无批判性地接受了全球化和自由市场的意识形态及其所有的劣势,并承受了代价。与此同时,以色列变得不那么一元化(由于犹太复国主义的削弱),并见证了"差异社区"的出现。[3]这些社区正在以色列社会中不断涌现的身份中寻找自己的声音和身份。虽然这一趋势意味着一个国家概念层面上整体团结的削弱,我依然认为它给每个不同的群体(沙斯党、移民、繁荣的世俗以色列人等)带来了强烈的团结和归属感。

本书所考察的每一所学校都是根据其具体表现出来的修复的意识形态来运行的。[4]

形成性的神话(The Formative Myth)

我调查过的每一所学校都有一个慢慢形成的神话。在许多情况下,这个神话与每个个体面临的痛苦有关,然后它会激励其他人,通常是那些有同样痛苦的人。一个人的神话不能激励整个社区,除非陈述神话的潜力已经存在。基于他的基督教修复思想,神父布鲁诺·胡萨尔(Bruno Hussar)[5]试图通过阿拉伯人和犹太人住在一起来修复世界。如果不是因为他成功地激励了那些一直在等待(有意或无意)修复机会的其他人,他可能会像该地区的许多其他人一样,保持数千年来的与世隔绝。

克拉拉·约娜饱受文化敌对环境带来的疏远之苦,她本可以不做行动,静待改变,但相反的是,她设法召集了一批核心领导人,他们以一种近乎共生的方式加入了她,他们一起为"修复的社区"开发了一个实用的体系。

鲁蒂·列哈维开创了科谢特学校的校风,其核心部分是她自己作为一个生活在宗教与世俗混合家庭的宗教女性的个人叙述。在学校成立后,事实表明,双方的许多家长都愿意参与一个对话过程,以"软化"双方的"神话"。科谢特学校的宗教和世俗学生们试图将自己从分裂主义的神话中解放出来,这些神话忽视了"他者"作为对话、行动和生活伙伴的存在。

虽然阿米拉·亚哈洛姆不是比亚利克学校的创始人,但她接受了它的所有复杂性。她发现,在这里她可以发展一种基于爱、接纳、多元文化和平等目标的精神。这所学校本身成为一个神话,为所有那些希望在多元文化社会,特别是在贫穷的社会经济背景下发展教育模式的人树立了榜样。

每一所学校的校长及领导层都熟悉其学校正在形成中的神话,并认识到由于各种发展而在学校和学校的风气中发生的变化。老师和学生的言论都对此产生了回应。

总的来说,值得注意的是,这些学校广泛使用个人叙事作为理解现实和构建学校复杂意识形态的关键工具。来自内夫沙洛姆的波阿斯所遭受的个人悲剧,比任何学术理论都更有力地说明了那些居住在以阿以冲突为日常的社区中的人所面临的固有困难,以及这个复杂的现实所带来的所有优势和劣势。

在这些学校中形成的校风并不是完全具有约束力的,而是能够根据环境和社会的发展进行改变的,尽管在大多数情况下,单个个体创造了最初的神话,并充当其象征性的守护者,但人们理解并同意,真相是由整个社区创造的,而不是任何个人的唯一特权。

这些学校里讲述的许多故事都与对现实的另一种解读有关,教师用故事作为一种积极的工具,在现实和学生之间进行调解。成功的令人信服的故事的特质在于它们提供改善现实的机会的能力。这解释了在实行"修复"的意识形态的学校中使用神话的力量。这些学校实现了布鲁纳(Bruner)的愿景,他谈到有必要负责任地运用叙事来教导学生如何以解释性的方式构建潜在的人——包括过去、现在和未来。[6]

学校作为社区

自从犹太复国主义的神话开始变弱,以色列社会开始毫无疑问地接受西方资本主义的价值观。这个价值观损害社会团结和国家公民的归属感,这并不是一个新现象。当迪尔凯姆(Durkheim)[7]研究法国工业革命的结果时,他发现自杀人数与个人和具有凝聚力的社区之间的联系强度成反比。由于西方消费社会的异化程度不断上升,许多人受到了伤害。这种社会疏离感导致许多人寻求社会互动的替代方案,而社会互动正逐渐从人类景观中消失。[8]与寻求共同目标和价值有关的公共讨论水平也有所下降。[9]日益增长的虚无主义倾向加剧了物质主义和过度消费主义的出现,它们表面上成为人类行为的理想模式。激进极端的个人主义广泛表现在媒体、政治、经济上,不能满足人类精神的需要。[10]在我看来,以色列社会分化为不同群体反映了对这种激进的和物质的个人主义以及其他原因的抗议。

体现修复的意识形态的学校是最充分意义上的社区学校:

它不是空洞的口号或被遗忘已久的文件中的宣言，也不是学校门前的标语，而是一种存在主义的意识形态。

沙斯党运动的发展可能部分是由于个人未能融入以色列的卓越神话，这种神话培养了许多人，但也留下许多人作为失败者，他们精神空虚，被失败和疏远的感觉所困扰。沙斯党让人们找回了归属感，并在社区体系内提供了精神意义。本书中描述的学校可能被认为比其他许多学校，包括沙斯党要好，因为他们给学生一种归属感和意义，同时也为他们提供一种教育，使他们能够在一个自由、民主和多元文化的社会中找到自己的位置，在这个社会中，技术、高科技和科学是至关重要的特征，教育能够使他们对这些特征保持批判的立场。

学校的社区特色

孩子与成人之间的纽带

在修复的意识形态基础上建立的学校，在学生和教师之间建立了一种真实而紧密的纽带。很少会出现学生找不到与他/她享受有意义的情感和学术联系的老师的情况。

孩子与孩子之间的纽带

实施修复的意识形态的学校努力创建一个有凝聚力的社区，这个社区的人们拥有共同的目标，发展培养情感和社交技能的机制，教师在孩子之间进行调解，并鼓励他们发展自己的调解机制。

与更大社区之间的纽带

基于修复的意识形态的学校认为自己与社区紧密相连，与社区有着亲切的关系。他们打算并计划影响和改变更大范围的社区。比亚利克学校和科德玛学校寻求改变和改善他们与学校周围社区的关系,无论是在地理上还是在人口结构上。科谢特学校正朝着这个方向迈出第一步,学校吸收了大量的社区儿童,试图在一种将异质性视为优势而非负担的意识形态基础上创造一体化。内夫沙洛姆的学校是当地社区的产物,其存在本身就体现了对整个以色列社会产生影响的尝试。哈代拉的民主学校认为自己是改变以色列教育体系的先驱,尽管它与它的地理位置之间没有紧密联系。

与家长之间的纽带

实施修复的意识形态的学校将家长视为社会化的重要推动者,并努力与他们合作。科德玛学校邀请学生家长来学校讲述他们所在社区的故事,从而帮助创建一个替代性的信息来源。科谢特和内夫沙洛姆学校的家长被鼓励加入负责制定政策的委员会,而哈代拉的民主学校的家长则是管理学校的全面合作伙伴。比亚利克学校的家长们发现他们很难来学校,因为他们工作时间很长,他们在以色列的临时身份也创造了一个独特的设定。尽管如此,学校还是努力促成与家长间的会面和合作,包括用不同的语言发布材料。这种方法反映了对文化差异的敏感性,学校还会在晚上安排会议,以便尽可能多的家长参加。

与孩子们之间的熟悉

基于修复的意识形态的学校尽量不让任何孩子"掉进裂缝中"。几乎每一个学生都被认为是一个有自己需求的独特个体,而不是一个创造分数的单位。工作人员会议往往很长,因为每个孩子的问题都被深入讨论。教师根据学生的需要和学习方式为每个学生制定个人计划,每个学生都被分配了一名教员,通常负责孩子在身体、情感和智力领域的全面发展。

帮助孩子跨越鸿沟

考虑到他们服务的人群，比亚利克学校和科德玛学校特别注意制定援助政策，远远超出普通学校的类似政策。资源与其他资助来源合并，以便提供多方面的援助。这个过程也可以在科谢特学校、内夫沙洛姆的学校和哈代拉的民主学校看到，尽管规模比较有限或者更小。学生的背景越优越，学校就越不愿意负责那些通常由家长或其他人控制的领域。

归属感

基于修复的意识形态的学校给学生一种归属感。其中一种方法是培养学生对本国文化和民族的自豪感，以帮助他们树立积极的自我形象。

这些学校具有颠覆性，因为它们是真正意义上的社区学校，而不是空洞的流行词。它们在追求卓越的精神潮流中逆流而上（这种精神潮流对一些学生有利，但对另一些学生不利），在一个日益疏离、充斥着个人主义的世界里，它们提供了一个有凝聚力的社区的选择。这些学校的存在和成功构成了以色列内部对于把盲目追求物质主义和过度消费的价值观作为实现幸福手段的抗议之声。

同时，在对社区的认知上，各学校之间也存在着差异，反映了各学校之间不同的学校精神。可能所有的学校都以迪尔凯姆[11]和杜威的思想为轴线，前者认为学校是灌输社会中已经存在的价值观的地方，后者认为学校是发展对公平社会创造过程的理解的地方。哈代拉的民主学校似乎更接近杜威的思想，[12]同时科谢特和科德玛学校应用了一种批判性的方法，包括从独特的角度对犹太文化进行社会化。内夫沙洛姆的学校试图改变阿拉伯人和犹太人的关系，同时也加强了每个群体的独特身份。比亚利克学校采用了一种较为中立的方法，因为以色列还没有发展一个公民社会，所以目前还不清楚它应该以什么样的未来目标去社会化他们的学生，即他们未来会属于哪个社区。目前，比亚利克学校只满足学生们迫切的生存需求。但是，学校本身的存在，以及目前正在审查的关于建立更多同类学校的建议，暗示了未来产生一个新的、不一样的社区的可能性，它不会急于离开以色列，生活在其中的孩子们将寻求自己的空间和身份。以色列必须包容这一群体，并就他们在这个国家的生活需要发展出一种结构化的意识形态。现在的意识形态是矛盾的，不能满足他们的需要。

如果我们接受这样一种假设，即犹太文化内在地包含一种对"他者"和整体社区的非自我主张关注的元素，[13]那么哈代拉的民主学校可以被定位为本研究所考察的学校中最为个人主义的一所学校。科谢特和科德玛学校努力发展一种在特殊的传统背景下，基于更全面、长远的价值的公共犹太身份，并参考传统文本作为检验更全面、长远的价值和批判社会的催化剂。

开发创新和相关的课程

这项研究中所考察的所有学校都表明，它们有能力开发新的课程，展示大胆的跨学科知识方法。在这些学校中产出的研究结果与伍德（Wood）对美国创新公立学校的研究结果一致。在他的研究中，伍德发现这些学校倾向于"抛弃"教科书，而引入基于"真实书籍"的研究，成年人在其中起到中介作用。教师开发一种课程，这种课程基于具备内部秩序和连贯性的文本。孩子们使用他们获得的认知工具来观察他们周围的世界，通过对语言、历史、文化的研究，他们提出了"政治权力如何才能得到保障？""什么是文化的？""什么是野蛮的？""书写历史的人是谁？为什么？"等问题。伍德发现，许多学校围绕一个中心指导主题组织他们的研究,比如"我们的根在我们的学校和我们的社区"。[14]和伍德所研究的学校一样,我访问的学校也用类似的方式培养学生以批判的方式观察世界的能力。

控制论知识

在所有这些学校中,我们找到了与文化以及现实的产生和表达有关的相对主义理论的共鸣。学习不被认为是一个将知识装满空容器的过程,而是一个积极的过程,在这个过程中,所有参与者是知识的社会构成的合作伙伴。[15]对不断变化的现实的动态探索促使学校改变他们的神话和精神气质。这是一个高度复杂的对话过程,在种族中心主义体系中是找不到的,那种体系受到与他者真正"接触"的威胁。

学习方式

学校尽最大努力满足每个学生的独特风格。许多普通学校也尝试支持不同的学习方式,但每班学生人数较多,缺乏社区化和支持性的氛围等因素影响了这一思想的实际实施。

多样的声音

基于修复的意识形态的学校通过为马赛克式的、有时是矛盾的叙事提供空间,使人们能够听到多种声音。这些多样的声音与科尔(Kohl)的方法一致,他建议学生应该对与自己和他人有关的众多叙述感到自在(科尔的评论涉及妇女、非洲裔美国人、亚洲人和欧洲裔儿童)。他认为,要确保教育公平,只有通过对一段复杂且有时是痛苦的历史的讨论和研究才能达成(他的评论是针对美国的,但也与以色列高度相关)。[16]

学校的老师

在基于修复的意识形态的学校工作的教师具有比其他地方的大多数同龄人更强的思想性,他们往往对自己的工作表现出非常高的认同感。他们更开放,更有能力在不确定的条件下工作,更愿意与"他者"接触,并在此过程中经历个人的改变过程。在这些学校中进行的创造性和独特的工作似乎弥补了这些教师的低社会地位和低工资。这些学校有一种特殊社区的氛围,在那里教学给周围的社区一种感觉,即这些教育者是出于使命感和实现修复的愿望而工作的。

教师愿意长时间工作,花很长时间准备学习材料,参加以关注每个学生的进步为主题的令人精疲力尽的会议。教师从学生那里得到了积极的反馈,并意识到他们的工作影响了学生的生活。即使是在没有明确意识形态方向的情况下开始在这些学校工作的教师,也会内化学校所拥护的意识形态。这些学校大多培养一种具有文化和社会意识及开放思想的新型教师——这些素质是面对以色列社会不断变化的需求所必需的。

喜欢在普通教育体系中工作的教师不喜欢无序,不喜欢固定程序的缺失,不赞成师生之间的非正式关系,所以他们通常离开这些学校,到别处找工作,特别是因为他们的形象不适合学校的意识形态。这些学校不适合性格僵化的教师。

在基于修复的意识形态的学校工作的教师往往会全身心地投入孩子的学习过程中,毕竟,正如伍德提醒我们的那样,好的老师不是按照课程来教,而是根据学生本身来因材施教。[17]

管 理

这些学校的领导团队在实际执行和反思方面都表现出令人印象深刻的能力。有时,校长也是学校的创始人。管理团队负责从广义上"讲述学校的故事",包括对外(媒体、政界人士和教育部)和对内。他们向老师们灌输学校的准则——不是空洞的话语,而是改变和改善人类行为的具体基础,符合学校修复的意识形态。校长们经常使用个人叙事作为改进教育过程的工具,老师们倾向于采用这些故事并发展自己的故事。

所有校长都对以色列社会的进程表现出一种批判性的态度。他们不接受社会采取的总政治方向。总的来说,他们属于非资产阶级的左翼路线——一个真正寻求为社会修复、平等和对立团体之间冲突解决而制定适当方案的社会左翼路线。校长们采用高度非正式的管理方法,极力避免地位和身份象征的问题,他们对别人的态度是直接而幽默的。以修复的意识形态为基础的校长代表了将此意识形态引入分裂和多元文化社会的新一代教育专家。

目前还不清楚这些学校是否反映了以色列社会的多元文化主义的整体理论。换句话说,尽管它们有共同的特点,但要把这五个学校合并起来以建立一个单一体系,似乎是不可能的。举例来说,很难想象科谢特学校会与比亚利克学校或内夫沙洛姆学校合作,因为它们在身份问题上的立场不同。

教育培训的分支

在文章《多元文化、跨文化教育——真的有用吗?》中,兹维·拉姆（Zvi Lamm）指出："那些无法对自己所处的文化形成批判态度的人，也无法对他人的文化形成宽容的态度。"[18]

我们访问的学校证明，当教育体系建立在修复的意识形态的基础上时，它会将其自身发展为解释和解决问题的日常工具。以色列的教师需要做好准备，迎接以色列社会日益增长的挑战——这些开创性的学校已经在应对这些挑战。在这些体系中，叙述是发展学校精神的关键工具。重要的是，让实习教师接触到这里讨论的学校，作为对他们测试的一部分，以检测他们在一个不断变化的多元文化社会中的教育适应能力。教师培训学院也应加强与这些学校的联系，可行的方式是将这些学校的校长和资深教育工作者整合起来，作为与社会分化和多元文化相关问题的顾问。这构成了一种挑战，也催化了对教育问题、权力关系、不平等、文化和社会问题进行批判性的讨论。在未来，以色列的教师需要内化和解决这些问题。正如斯坦豪斯（Stenhouse）指出的，"最终，是教师自己开始理解教育，从而改变学校教育"。[19]

这本书旨在吸引那些在基于修复的意识形态的学校工作的教师，其他教育体系的教师，以及一般的读者来讨论教育、身份认同和社会化问题——不是作为抽象的哲学问题，而是作为一种具体的经验，这种具体经验是根据我们所观察到的有趣的实际行动而得出的，并基于一种实用的意识形态，寻求发出自己的声音，并对不同社区所面临的问题做出回应。熟悉不同的声音，了解它们的异同，尤其认知到与"他者"接触的重要性，将会鼓励一种社会契约的出现，这些学校已经开始实施这种社会契约，它们给了我们希望和灵感。

下一步会如何？

一段时间以来，以色列社会一直处在寻求管理和克服它所面临的挑战的最佳方法的十字路口。一些最复杂的挑战与发生在不同族群之间权力、实力、代表、存在感和价值观的斗争有关。各种群体围绕着自己的斗争组织起来,为以色列社会的弊病提供了一种补救办法。不幸的是,最近许多以色列人已经对通过政治活动来确保社会变革的可能性失去了兴趣和希望——政治活动是国家做出最重要决定的场合。有些人不相信他们能够影响事态的发展,部分以色列精英对政治产生了反感,他们更愿意在其他领域活跃起来。因此,人们特别关注志愿组织的工作,这些组织试图通过基层工作来推动社会、经济和意识形态的变革。这些组织,有些采取社会倡议的形式,参与政治斗争,但它们通常不会利用这些斗争作为进入政党政治领域的平台。这类组织的例子包括米兹拉希民主彩虹联盟(Democratic Mizrachi Rainbow)、优质政府运动(the Movement for the Quality of Government)、宪法运动(the Movement for a Constitution)。我们在本研究中访问的学校中所见到的,承诺进行"修复工作"的校长和教育者,都是寻求彻底改革社会结构的领导人。他们每个人都以自己的方式,以一种新的教育方法去试图解决一个特定的社会挑战。他们寻求创造一种新的个体,这种个体在未来将不会遇到历史问题和失败,他们将获得工具,以创造性的方式解决未来的问题。

通过与"他者"的接触来修复社会是我们所访问过的所有学校的重要原则,它也是一个隐喻,比喻一个人与隐匿着的自我的相遇。这些学校试图将学生从"你对我做了什么,所以我也要对你做点什么"的被动思维中解放出来,他们被提供了一个整体性的认知方法,包含"他者"的存在、复杂性和权利,以及他们之间的差异。

通过这种方式,这些学校试图消除"单一的以色列身份"。正如巴安(Bar On, 1999)所说,这种"单一的以色列身份"的力量来自对他者的完全否定。这些学校倾向于一个更"成熟"的过程，允许出现一个能够包容多样性、多重叙述和复杂性的身份。

教育体系应该找出许多有能力的教育工作者，他们在正规的公共教育体系中工作，但在他们的工作中贯彻"修复"的思想。找到这样的教师，确定能够培养优秀人才的教育形式，将帮助我们找到有效的解决方案，推进处于劣势地位的多元文化和/或异质人群的发展。

同样地，我们必须在普通的公共教育体系中找出那些具备修复的意识形态的校长，他们能创造出与以色列卓越管理相关的知识和实践焦点。

这项研究并不宣称只有基于修复的意识形态的学校才能寻求在以色列社会实现有意义的变革。这些年来，我在不少普通学校遇到过优秀的教师和校长，他们提倡修复的意识形态，尽可能地给学生的生活带来有意义的改变。这些普通学校不像这本书中研究的学校一样具备一个明确的、已经形成的精神，但它们提供了重视文化多样性的教育行动的例子，试图通过调整课程并加以应用以适应不断变化的环境，从而创造社会变革。以下是一个普通犹太公立小学的故事，它位于耶路撒冷一个多族群的社区，靠近这个城市的阿拉伯人和犹太人区之间的"连接线"。

学校的校长决定让她的学生和来自邻近村庄的阿拉伯学生见面。她决定用体育作为这次会面的内容，后来又举行了几项与其他主题有关的活动。当老师们聚在一起总结这段经历时，很多犹太学生感到不舒服，因为阿拉伯学生可以解释他们节日的起源，但犹太学生发现这对他们来说有难度，例如他们很难解释为什么要为篝火节(Lag Ba'Omer)的篝火收集木材。他们觉得自己缺乏关于犹太传统的知识。在校长的鼓励下，老师们找到了提高学生间接触质量的方法。更重要的是，在教师、家长和学生对犹太身份问题的共同讨论下，学校加入了"塔利"(强化的犹太研究)体系，这个体系内有一些公立学校，这些学校更强调从多元化的角度增强对犹太研究的重视和对犹太祈祷的了解。

这个例子清楚地展示了与"他者"（这个例子中的他者是穆斯林）的接触可以使参与者认识到自我中被忽视或被否认的那一方面。校长对于表面上的"不成功"没有放弃，而是坚持他的教育方法，并开始了一个自我审查的过程，最终让学校的教育和文化产生了重大变化，为该校发展了一个新的神话，并随后形成了一种新的校风。

就像我们在研究中遇到的校长一样，这位校长也能够解读她所运作的现实环境，并寻求替代的和其他相关的解释形式。现实的故事为现实与儿童之间的积极调解提供了一种工具。以色列社会需要更多这种类型的领导者，这些领导者具有远见或令人信服的故事，以及将这一远见或故事转化为具体现实的知识和技能。

社会修复、修复的意识形态和社会创业

我相信，我们遇到的校长和教育工作者都是社会企业家（social entrepreneurs），他们的行为符合社会修复的清晰目标和修复的意识形态，[20]在我看来，这种意识形态包含了多年来经历了许多变化的犹太社会主义思潮的残余（但并没有完全消失），同时也有意识地接近一些犹太文本，这些文本讨论了一个人对异类、弱者和他者的责任。[21]与此同时，在这个过程中也可以看到普遍的和西方的影响，在推动公益创业的过程中，以共同和不同的方式影响着不同的学校。在国际层面，越来越多的文学与文献分析和定义了公益创业现象。社会企业家可能存在于每一种文化圈、学术圈和社会公众的不同领域。这些企业家被定义为能够适应和应对创新、影响变化、迎接新机遇和利用周围环境中资源的个体（Davis，2002）。德雷顿（Drayton）提出了社会企业家的几个特点：他们实现了强有力的系统变革，他们有创造

力,他们建立的项目有可能产生更广泛的影响,他们有强烈的道德人格。换句话说,企业家在世界上工作是为了创造一个与他/她的愿景一致的社会。因此,重要的是,这些企业家既能设定目标,又能解决问题,如果缺乏其中任何一种能力,就不太可能发生有意义的社会变革。企业家不同于普通的、把自己局限于解决客户问题的专业人士,他们力求实现广泛、全面的变革,不会被耗时多年才能解决的困难和复杂问题所阻碍,他们也毫不犹豫地放弃那些证明无法推进项目的工作。它们显示了一种健康的现实主义(Drayton,2002)。

伯恩斯坦(Bornstein)指出,社会企业家试图在特定领域建立项目,然后在获得初步成功后进行扩展。他评论说,其中一些倡议的成果让人印象非常深刻,甚至到了改变社会政策的地步。他举了杰罗·比利莫瑞亚(Jeroo Billimoria)的例子,他是儿童专线的创始人,这是一个24小时的服务热线,为生活在印度街头的4 800万儿童服务。这个服务热线取得了巨大的成功,使为这些儿童提供的服务更加统一和高效。这种模式的成功使其在三个拉丁美洲国家得以复制,并继续对印度的街头儿童产生强烈的影响(Bornstein,2004)。拜格雷夫(Bygrave)指出,社会企业家也寻求为自己的命运负责,避免依赖雇主,他们对经济问题的理解使他们对自己的行动产生一种主人翁意识(Bygrave,1994)。

在世界各地,社会企业家与移民、多元文化、不平等和社会阶级等问题的斗争日益普遍。我们访问的以修复的意识形态为基础的学校校长和教育工作者就是这种社会企业家的例子。现在需要进一步的调查研究以发现更多参与社会公益创业和社会变革的学校,并了解更多关于"常规"体系内的优秀社会公益创业的实例。研究和分析也应该集中在那些寻求通过解决问题和做出改变来推进社会修复意识形态的组织的活动上——不仅在教育和学术领域,而且在经济、文化和政治领域。对从事社会修复工作的社会企业家的行动做出阐明,具有潜在的巨大教育价值。在我任教的大学,我们在2003—2004学年度与耶路撒冷市政府的社会服务部门合作,启动了一个社会企业家项目,该项目的学生预期监督和参与各种项目,并在完成四年的课程后,发起自己的方案和倡议。

在花了四个月的时间了解不同的活动后,学生参与各种志愿活动的意愿比过去更强烈。仅仅过了六个月,他们甚至开始发起自己的倡议。社会企业家的热情具有传染性,我们可以合理地预测,我们调查、分析和启动的社会倡议越多,就会有更多的人被吸引到此类活动的圈子中来。

附：各学校的比较表

学校/比较方面	内夫沙洛姆学校	比亚利克学校	科谢特学校	科德玛学校	哈代拉的民主学校
精英主义（Elitism）	中高 犹太人中的精英化很高。在阿拉伯学生群体内，跨越阶级界线的融合是成功的。	非常低 学生来自不同的背景，社会地位比较低。不同文化背景有积极的融合。	中 学校招收了大批来自附近社区的孩子，他们成功地融合在一起。	非常低 学校为那些饱受阶级地位之苦的孩子提供机会。学校吸收了米兹拉希、俄裔和埃塞俄比亚裔学生。	非常高 这所学校中没有融合，导致了由于精英主义造成的裂痕。
与"他者"的接触	非常高 因为学校所处理的国家冲突的性质，挑战非常艰巨。	非常高 因为学校的学生面临的经济困难以及不确定性，挑战非常艰巨。	非常高 即使是在一个民族团体内，学校也努力创造与他者的接触，包括与其他民族团体的接触。	高 这所学校鼓励从文化力量的角度进行与他者的接触。	高 在一个民主社会中，人们需要与他者一起惜生活。
家长参与	中 家长提供思想支持。	低 由于移民劳工的人口特点，尽管如此，学校仍然尝试建立与家长之间的联系。	中 家长提供思想支持。	中 学校努力尝试建立与家长之间的联系。	高 思想支持。
解决的裂痕	阿拉伯人与犹太人	移民劳工	世俗与宗教犹太人	融合失败—阶级/种族分裂	并不明确

(续表)

学校/比较方面	内夫沙洛姆学校	比亚利克学校	科谢特学校	科德玛学校	哈代拉的民主学校
适应变化的能力	高 即使是很小的决定也会带来困难,有时会改变立场。	非常高 学生的人口结构每天都在发生变化。	高 根据变化的需求作出调整。	高 为了满足之前的教育中有过不良经历的青少年的需要,作出了调整。	高 改变是学校民主性质的一个功能所在。
社区的融合	非常高 学校就在社区中,从其他地方坐车来学校的孩子没有很好地融入。	非常高 学校影响和改变了社区。	中 学校希望执行更高层次的融合。	高 学校希望达到一个更高的目标。	高 学校自身就是一个社区,与周围社区没有紧密的联系。
学校成立的理念	非常批判性 学校的存在本身就是一种"修复行为"。	非常批判性 学校的存在本身就是一种"修复行为"。	非常批判性 学校的存在本身就是一种"修复行为"。	非常批判性 学校的存在本身就是一种"修复行为"。	非常批判性 学校的存在本身就是一种"修复行为"。
教师选择标准	中 有些教师有强烈的价值认同,其他的只是为了找工作,重点在于过程。	低 "普通"教师经历了一个令人印象深刻的变化过程。	高 有口碑; 通过与教师培训学院联系。	高 教师因为价值认同来到学校; 价值认同程度稍弱的教师经历了改变的过程。	非常高 教师们与学校具有一致的意识形态路径。

注　释

引　言

1. 参见 Bar-Navi、Ben-Ami(1998)& Ohana(1998)的研究,以了解对以色列社会裂痕的当代分析。参见 Almog(1997)对萨布拉神话解体的讨论(萨布拉意为带刺的仙人掌,指代土生土长的以色列人)。
2. 这种修补、修复在传统犹太教中的术语是 Tikkun,这里翻译为"修复"。
3. 参见 Halabi(2000)的研究,其中描述了他在和平学校的犹太—阿拉伯对话中获得的工作方法和经验。
4. 以色列变革党(Shinui)成立于1974年,是一个进步的自由党。1999年,民粹主义政党代表汤米·拉皮德(Tommy Lapid)围绕强大的反教权纲领重塑了该党,获取了巨大胜利。
5. 引自 Cohen 和 Zisser(2003),他们指出,在犹太历5761年进行的一项调查结果显示,认为以色列社会中最大的裂痕是在宗教和世俗犹太人之间的受访者人数是认为裂痕在犹太人和以色列阿拉伯人之间的受访者人数的两倍多。
6. 随着我对这些学校的了解,我在最近几年制定了"修复的理想"这一概念。这个概念最近被比亚利克学校的校长采纳作为描述学校工作的一个有效术语。
7. 确定定性研究结果可靠性的一种方法是"三角论证法"。也就是在确定最终结论之前,从不同来源收集和交叉参考数据(Elliot,1991,pp. 80–83;LaBoskey,1992,p. 178)。

第一章 内夫沙洛姆(Neve Shalom)/瓦哈特·萨拉姆(Wahat Al-Salam)

1. 这本书的日记部分是在访问期间或访问后不久写的。在另一些情况下,我记录了我的印象、想法和对我所遇到的事情的描述。
2. 这个少数群体的成员已经发展出各种策略来应对他们的地位。一种方法是尝试融入主要群体,无论是作为个人还是作为一个团体。然而,当很难从一个群体转移到另一个群体时,为了达成另一种更公正的"社会契约"而进行集体斗争的可能性增大了。参见 Suleiman(1999),pp. 171–186.
3. Benvenisti(1996),pp. 135–155.
4. Grossman(1992),p. 8.
5. Bar Shalom(1999),p. 146.
6. 参见 Amir 的表格。
7. Mead(1974)
8. 一所阿拉伯精英学校,有初中部和高中部,有许多内夫沙洛姆学校的阿拉伯毕业生前往就读。
9. 民主学校的学生家长已经接受了民主的方法。如果家长们喜欢更专制的教育方式,这样的一所学校就很难建立。
10. 玛格丽特·米德(Margaret Mead)将教育定义为在价值观成型阶段前为儿童提供学习的工具。(Mead, ibid)

11. Amir(1969),同上。
12. 字面意思：灾难（阿拉伯语）。
13. 2001年5月,在大卫耶林学院关于多元文化主义的演讲中。
14. 和平学校开展两个民族之间的工作坊和研讨会,见第31页。
15. 更多关于这个模式,参见 Halabi(2000)。
16. 他为电影《站起来,送出去》(*Stand and Deliver*) 提供了灵感。
17. Pedalino-Porter(1998)
18. 参见 Bekerman & Horenczyk 的研究,他们详细描述了在耶路撒冷和以色列北部开办两所双语学校所带来的复杂挑战。(Bekerman & Horenczyk, 2001)
19. 内夫沙洛姆值得 Borstein(2001)的称赞,他把这个社区描述为一个"博物馆"——不是过去的化石遗迹,而是未来的可能性,以及作为一个已经实现的隐喻。
20. Ohana(2000), p.104.
21. 同上,第107页。

第二章 比亚利克学校（Bialik School）

1. 在本研究筹备期间,阿米拉担任学校校长。她最近退休了。
2. Maslow(1970)
3. Kozol(1992)
4. Harpaz(1985), pp. 31-32.
5. 对该模型的描述见：Greenberg(1992); Neill(1992)。
6. Almog(1997)
7. 沙斯党(Shas)成立于20世纪80年代初,是一个极端正统派政党,赢得了宗教和传统米兹拉希犹太人的广泛支持。

8. 值得注意的是,在一次关于多元文化主义主题的会议上,阿米拉受到了受内夫沙洛姆模式影响的一所新学校校长的批评。校长是一名巴勒斯坦裔以色列人,他攻击她接受一些被他认为是叛国者的孩子。阿米拉的回答是:"如果你的人道主义不包括这些孩子,谁来照顾他们?"

9. 2004年秋天,以色列议会投票授予居住在以色列的南黎巴嫩军队家庭完全的以色列公民身份。

10. Amir(1969),内夫沙洛姆的章节。

11. Bidol & Arima(1982)。另见赫尔佐格(Herzog),他描述了在收容中心收容埃塞俄比亚移民期间当局的不尊重和麻木不仁。而比亚利克学校给出了几乎相反的例子(Herzog,1998)。

12. 在移民中,当他们对他们的新国家没有任何意识形态上的认同,但准备付出一些东西(工作,纳税)以获得一些回报(住所,经济安全)时,就会出现功能认同;这与意识形态移民不同,例如出于犹太复国主义动机的犹太人移民到以色列。

13. 在某些情况下,教师自掏腰包支付儿童急诊治疗的费用。

14. Gibton(2001),p. 546。

15. 大体上,阿米拉和这本书中的其他校长似乎都同意塞尔乔瓦尼的观点,即模仿企业界的模式来塑造学校管理是非常低效的(Sergiovanni, 2000)。不幸的是,近年来,这已经成为以色列学校教育的一种流行趋势(我认为,这是非常消极的),这也反映在以色列教育改革委员会中。

第三章　科谢特学校（Keshet School）

1. 文章完成时科谢特学校已经开设了高中部。

2. 关于以色列世俗宗教关系的进一步讨论,见 Liebman(1990)。
3. 鲁蒂·勒哈维(Ruti Lehavi)是科谢特学校的创始人和首任校长,现正在领导科谢特学校精神教育促进协会。她参与课程开发,鼓励在以色列开放与科谢特学校类似的教育体系。她计划返回学校领导高中部的建设,以作为初中部的延续。
4. 以色列的大量组织为不同宗教取向的犹太人创造了交流场所。梅利兹(Melitz)和盖谢尔(Gesher)就是组织各种类型的接触的两个组织。
5. 参见谢列格(Sheleg, 2000)关于创造一种新的犹太宗教狂热形式的讨论,他称之为"后正统犹太教"(post-Orthodoxy)。
6. 塔利(Tali)是"强化犹太研究"(Enhanced Jewish Studies)的希伯来语缩写。
7. 参见威尔(Weil)和鲁尔·斯蒂尔(Roer Strier, 2000)研究中的一个类似的例子。
8. 在一项半自传性研究中,齐姆兰(Zimran, 1991)描述了他担任校长期间实验学校的发展。
9. Zimran, What, You're a Child?. op. cit., p. 280.
10. Amir(1969),在内夫沙洛姆的章节中。
11. Erikson(1968).
12. Gershom Sholem, in Oroon(1998), p. 42.
13. Kasher(2000), p. 28.

第四章 科德玛学校(Kedma School)

1. 这种情况与美国的情况非常相似,在美国,分流学生被用作废除针对非裔美国人种族隔离的工具。见 Wood(1993), p. 67.

2. Harrington(1979).

3. 选自亚伯拉罕·阿穆(Avraham Hammou, 2001)的一次演讲,他是阿穆研究所的所长,曾任以色列警察局青年司的司长。引用的研究结果摘自他的硕士论文。

4. 德尔平(Delpin)阐述了权力文化的概念。拥有权力的人否认权力的存在,而那些没有权力的人更能意识到权力的存在。Delpin(1995)。

5. Bidol & Arima(1982),另见 Landsman(2001),他强调少数民族学生的文化在学校环境中的缺失现象。p.65。

6. 在这种情况下,年轻人的一个特点是不断地试探极限,就好像他们在试图确定,即使他们行为不端,他们仍然会被接受。

7. 阿里耶勒的博士论文是关于督导教师的工作的(Bairy-Ben Ishay, 1998)。

8. 虽然具体数字尚不清楚,但科德玛学校第一批学生的成功率高达40%,而在类似的贫困社区,学生成功率只有6%。在许多科目中,科德玛学校学生的成功率接近100%。

9. 指的是青少年托管服务处(Youth Custody Service)的宿舍,为不能住在家里的儿童提供住宿服务。科德玛学校的许多学生都住在这样的宿舍里。

10. 粗金链子被认为是米兹拉希工人阶级男性的标志。

11. 特拉维夫大学社会学教授,他本人是米兹拉希犹太人,写过许多有关科德玛学校所讨论的问题的相关文章。

12. 德尔平(Delpin, 1995)提出,应该根据适当的文化背景来教儿童在特定的情境中说话。例如,"公共语言"可以通过角色扮演、戏剧、模拟新闻广播等来练习。通过这种方式,学生们了解到不同的语言适用于不同的情境。(Delpin, p.53.)

13. 纳尔逊-巴伯(Nelson-Barber, 1982)认为语言和文化归属之间有着密切的联系。巴伯研究了美国本土的美国学生,

注 释

发现一到三年级的孩子说的方言和他们的老师非常相似。然而，从四年级开始，孩子们开始讲当地方言。巴伯认为，这是因为孩子们想要表达一种愿望，即他们所属于他们希望加入的某个民族群体。

14. 来自丹·奥里安(Dan Orian)在一个定性研究主题会议上的演讲，特拉维夫大学，2001年9月10—11日。
15. 2001年3月5日，耶胡达·舍恩霍在科德玛学校与教师会面。
16. 时任耶路撒冷市长。
17. 这里指的是以色列的"黑豹"运动，以美国黑人运动命名。以色列黑豹运动在20世纪70年代出现，要求米兹拉希犹太人，特别是生活在像卡塔莫尼这样的欠发达社区的犹太人获得公平和正义。
18. 这所学校的学生来自不同的种族背景，但他们的社会经济地位都很低。
19. 并不是所有的米兹拉希犹太人都有这样的经历，同时一些阿什肯纳兹犹太人也经历过被社会拒绝。虽然种族差异并不是完全具有参考价值，但在统计数据上具有显著的特征。
20. 参见赫尔佐格(Herzog,1998)，他阐释了20世纪50年代吸收移民的教训是如何在20世纪80年代末吸收埃塞俄比亚移民时被忽视的。

第五章 哈代拉的民主学校
（The Democratic School in Hadera）

1. Quoted in Power et al. (1989)
2. Greenberg(1998).
3. 的确，这所学校指出，学习的场所不是作为机构的学校，而是作为一个整体的生活。学习的概念被扩展到包括"一个人一生中的所有经历",而传统的概念只包括"在学校里发生的事情"(Harrington,1979)。

4. 这种方式让我想起了我在纽约读博士时的经历。在主管的批准下,我们被允许制定自己的时间表,并在师范学院、哥伦比亚大学和该地区的其他学校上课。

5. 要了解这所学校的详细情况,请参见 Zimran,What,You're a Child?

6. Kozol, in Cohen(1983), pp. 154 – 156.

7. 对装置进行检查后发现,它们没有引起任何安全问题。做出上述评论的那位学生说话很好,很自信。一个简单的调查显示,他在三年级时才开始阅读。

8. 由于政策变化,该部门的工作最近大大减少。

9. 有关在学校中创造变革所遇到的困难的详细讨论,请参见 Sarason(1996)。

10. Zimran,What,You're a Child?. op. cit.,p. 280.

11. 对"此时此地"的强调让人联想到人本主义心理学和禅宗理论。民主学校的创始人雅各布·赫克特是一位心理学家。虽然他自己也有高等学位,但他指出,民主学校拥有大学入学许可并接受学术教育的毕业生比例很高,这是"失败"的标志。

12. 对隐性课程现象的分析,参见 Power(1989),p. 21.

13. Power, Lawrence Kohlberg op. cit.,p. 24.

14. 见戈登伯格(Goldenberg,1998)关于学校对学生态度影响的研究。

15. Greenberg(1992),p. 65.

16. 斯卡斯代尔学校。

17. 来自一次私人谈话(2004年3月29日)。

18. 见 Swirski(1990,1995)。

19. 在这方面可以留意一个有趣的发现。当美国人和欧洲人对自由和平等问题进行比较调查时,采访者提出了以下问题:"你赞成还是反对政府干预以弥补自由市场造成的收入差距?"绝大多数美国人(80%)反对这种干预,而大约60%的德国人支持。80%的意大利和奥地利受访者同意国家应该纠正自由市场造成的不平衡(Beck, 2002, p.234)。在以色列社会,钟摆似乎以一种极端的方式倒向了"美国"一边。
20. 美国公关家、思想家,在美国左翼社交圈颇具影响力,曾在克林顿政府时期发挥过影响力。勒纳是 Tikkun 杂志的编辑,该杂志为社会批评提供了一个平台。
21. Neill(1992)。
22. 应该提到的是,雅各布·赫克特随后在以色列不同地区,包括欠发达的社区,发起开办了32所民主学校。

第六章 比较和结论 (Comparison and Conclusion)

1. 参见库恩(Kuhn)对科学革命的讨论(Kuhn, 1962)。
2. 斯特哈尔(Sternhal, 1996)指出一种可能性,即在未来以色列发展的较早阶段,会出现对一个不平等"市场"社会的选择。
3. 我把"差异社区"(communities of difference)这个词归功于伊扎克·卡什蒂(Yitzhak Kashti)教授。他敦促研究人员研究和检查不同的社区,以提高他们对导致这些社区出现的进程的认识。他认为容忍和团结的机制正在削弱,而加强这些机制的能力取决于确保每个不同的社区得到承认并能够发出自己的声音。(Kashti, 2001, pp.3-4)
4. 在这方面,他们回应了弗莱雷(Freire)和法恩德斯(Faundez)提出的警告,即从事抽象话语的知识分子与其所处理人群的

实际需求之间存在脱节。(Freire & Faundez,1989)

5. 布鲁诺·胡萨尔(Bruno Hussar)是第一个提出犹太—阿拉伯联合社区想法的基督教牧师。内夫沙洛姆学校是他愿景的实现。
6. Bruner(2000),p.101.
7. Durkheim(1951).
8. Dreyfus(1981).
9. Bellah(1981,1985).
10. 除了德雷福斯(Dreyfus,1981)和贝拉(Bellah,1981),还可以看到拉希(Lasch,1984)、派克(Peck,1987)和萨根(Sagan,1988)反对消费主义和自恋文化的令人信服的批评,他们将其视为人类状态的妄想。这些学者都以自己的方式,倡导在一个集体价值瓦解的世界中寻找集体生活和归属感。另见 Etzioni(1994)。
11. Durkheim(1956).
12. Dewey(1938).
13. Rottenberg(1983).
14. Wood(1993).
15. Kaney(2002).
16. Kohl(1994),p.124;Bruner(2000).
17. Wood(1993).
18. Lamm(2000),p.21.
19. Rudduck(1998).
20. 然而,具体的阐释因学校而异。
21. 近年来,阿米拉·亚哈洛姆(Amira Yahalom)将她在比亚利克学校的工作与在一个针对世俗教育领袖的犹太研究项目"科洛特"(Kollot)中进行的研究结合起来。

注 释

参考文献

希伯来文文献

Almog, O. (1997), *The Sabra—A Portrait*, Am Oved, Tel Aviv.

Bar-On, D. (1999), *The "Others" in Our Midst: Changes in Israeli Identity from a Socio-Psychological Perspective*, Ben Gurion University of the Negev, Beersheva.

Bar-Shalom, Y. (1999), "*Mifgashim*—The Encounter Module between Diaspora Jewish Youth and Israeli Jewish Youth," in: A. Shai and Y. Bar-Shalom (eds.), *Qualitative Research in Education*, David Yellin College of Education, Jerusalem.

——(2001), "Reactive Jewish Identity," in: *Bamikhlala* 13, David Yellin College of Education, Jerusalem.

Beck, U. (2002), *A Brave New World: A Model for a Civil Society*, Dark Red Line series, Hakibbutz Hameuchad, Tel Aviv.

Ben Jalloun, T. (1998), *Racism as I Explained to My Daughter*, Bavel, Tel Aviv.

Ben-Ammi, S. (1998), *A Place for All: Eli Bar-Navi Talks to Shlomo Ben-Ammi*, Hakibbutz Hameuchad, Tel Aviv.

Benvenisti, M. (1998), *A Place of Fire*, Dvir, Tel Aviv.

Borstein, D. (2001), "A Photo Lab," Kol Ha'ir, October 26, 2001.

Bruner, J. (2000), *The Culture of Education: Articles on Education in Context*, Sifriat Poalim, Tel Aviv.

Cohen, A. (1983), *Free Education*, Reshafim, Tel Aviv.

Cohen, A., and B. Zisser (2003), *From Acceptance to Escalation: The Religious-Secular Divide into the Twenty-First Century*, Shocken, Tel Aviv.

Criff, M. (1981), "Justice Is Theirs Alone," *Globes*, October 26, 1998.

Gibton, D. (2001), "The Leadership of the Principal in the Autonomous School," in: N. Tzabar Ben-Yehoshua (ed.), *Traditions and Streams in Qualitative Research*, Dvir, Tel Aviv.

Goldenberg, D. (1988), "The Influence of the Democratic School on the Knowledge and Attitudes of Its Students," MA thesis, Tel Aviv University, Tel Aviv.

Goleman, D. (1997), *Emotional Intelligence: The Special qualities of Successful People and How These Can Be Nurtured and Strengthened*, Matar, Tel Aviv.

Grossman, D. (1992), *Present Absentees*, Hakibbutz Hameuchad, Tel Aviv.

Halabi, R. (2000), *Dialogue between Identities: Arab-Jewish Encounters in Neve Shalom*, Hakibbutz Hameuchad, Tel Aviv.

Harpaz, Y. (1985), *The Community School: The Development of an Idea*, IACC, JDC-Israel, Jerusalem.

Herzog, T. (1998), *Bureaucracy and the Ethiopian Immigrants: Relations of Dependence in an Absorption Center*, Cherikover, Tel Aviv.

Horowitz, T. (1990), "Between a Neighborhood Community and an Ideological Community: The Founding and Institutionalization of Givat Gonen School in the Spirit of the Values of the Labor Movement," Henrietta Szold Institute(Internal Report).

Jerusalem(1994), "Parental Choice of Schools as a Catalyst for Social and Value Change: An Ethnographic Study of Two Unique Schools with a Value-Based Character in Jerusalem," Megamot 36(2-3), pp. 278-293.

Kasher, A. (2000), *Human Spirit*, Am Oved, Tel Aviv.

Kashti, Y. (2001), "The Interpretative Approach by Prof. Kashti," paper published following a lecture at the Mofet Institute, January 2001.

Keiny, S. (2002), "Community of Learners: Advancing Teachers and Making Them Learners," in: E. Shai and Y. Bar-Shalom (eds.), *Qualitative Research in Education: From Theory to the Field and from the Field to Theory*, David Yellin College of Education, Jerusalem.

Kohn, A. (2000), *The Education Our Children Deserve*, Hakibbutz Hameuchad, Tel Aviv.

Lamm, Z. (2000), "Multicultural, Intercultural Education— Can it Really Work?" in: M. Barlev(ed.), *Education for Culture in a Multicultural Society*, Department of In-Service Training, School of Education, Hebrew University, Jerusalem.

Neill, A. S. (2003), *Summerhill*, Keter and the Institute for Democratic Education, Jerusalem.

Ohana, D. (1988), *The Last Israelis*, Hakibbutz Hameuchad, Tel Aviv.

——(2000), *A Humanist in the Sun: Camus and the Mediterranean Inspiration*, Carmel, Jerusalem.

Oron, Y. (1988), *Israeli Jewish Identity: A Study of the Attitude of Trainee Teachers from All Educational Streams to Contemporary Judaism and Zionism*, Papyrus, Tel Aviv.

Rogers, K. (1973), *The Freedom to Teach*, Hakibbutz Hameuchad, Tel Aviv.

Sheleg, Y. (2000), *The New Religious*, Keter, Jerusalem.

Shenhav, Y. (1998), "Human Dignity and Liberal Fundamentalism," *Ha'aretz*, December 10, 1998.

Shohat, E. (1995), "Toward Multicultural Feminism," *Noga* 28.

Souissa, A. (2001), "Explosive Transit Camp," *Kol Ha'ir*, October 26, 2001.

Sternhall, Z. (1995), *Nation Building or Social Reform?* Am Oved, Tel Aviv.

Suleiman, R. (1999), "The Collective Identity of the Palestinians in Israel," in: *Studies in Education* 4, Booklet 1.

Swirski, S. (1990), *Education in Israel: The Land of Separate Tracks*, Breirot, Tel Aviv.

——(1995), *Seeds of Inequality*, Breirot, Tel Aviv.

Weil, S., and D. Roer-Sitrier(2000), *The Encounter between Religiosity and Secularity inside the School: The Case of*

Keshet School in Jerusalem, Institute for Research on Nurturing in Education, Hebrew University, Jerusalem.

Yahalom, A. (5760), "The Children of Migrant Workers in Israel: A Proposal for an Educational Policy Framework at Bialik School" (paper prepared for the Knesset Education Committee), Tel Aviv.

Zimran, Y. (1991), *What, You're a Child?*, Carmel, Jerusalem.

Zucker, D. (1999), *We Secular Jews: What Is Secular Jewish Identity*, Yediot Acharonot, Tel Aviv.

英文文献

Adler, N. (2002), "Interpretations of the Meaning of Care: Creating Caring Relationships in Urban Middle School Classrooms," *Urban Education*, 37(2), 241–266.

Amir, Y. (1969), "Contact Hypothesis in Ethnic Relations," *Psychological Bulletin*(71).

Bairey-Ben Ishay, A. (1998), "Teacher Burnout and Consciousness-Complexity: An Analysis of the Mentors at Kedma(An Alternative Israeli High School," Doctoral thesis, The Graduate School of Education of Harvard University).

Banks, J. A., and C. M. Banks (1989), *Multicultural Education: Issues and Perspectives*, Needham Heights, MA: Simon & Schuster.

Bellah, R. (1981), "Cultural Vision and the Human Future," in: D. Sloan(ed.), *Toward the Recovery of Wholeness*,

New York: Teachers College.

Bellah, R. (1985), *Habits of the Heart*, Berkeley, CA: University of California Press.

Bekerman, Z., and G. Horenczyk (2001), "Bilingual Education in Israel," Report Submitted to the Ford Foundation and the Center for Bilingual Education in Israel.

Bennett, C. (1990), *Comprehensive Multicultural Education*, Boston: Allyn & Beacon.

Bidol, P., and R. Arima(1982), "Multicultural Perspectives in Human Relations Training," in: L. Porter and B. Mohr (eds.), *Reading Book for Human Relations Training*, Alexandria, VA: NTL Press.

Bornstein, D. (2004), *How to Change the World: Social Entrepreneurs and the Power of New Ideas*, New York: Oxford University Press.

Bowels, S., and H. Gintis (1976), *Schooling in Capitalist America*, New York: Basic Books.

Brislin, R., and T. Yoshida(1993), *Intercultural Training: An Introduction*, Thousand Oaks, CA: Sage.

Bygrave, W. D. (1994), *The Portable MBA in Entrepreneurship*, New York: John Wiley & Sons, p. 5.

Davis, S. (2002), "Social Entrepreneurship: Towards an Entrepreneurial Culture for Social and Economic Development." Paper presented to The International Board Selection Committee, Ashoka: Innovators for the Public.

Delphin, L. (1995), *Other People's Children: Cultural Conflict in the Classroom*, New York: New Press.

Dewey, J. (1938), *Experience and Education*, New York: Collier Books.

Drayton, W. (2002), "The Citizen Sector: Becoming as Competitive and Entrepreneurial as Business," *California Management Journal*, 44(3).

Dreyfus, H. L. (1891), "Knowledge and Human Values: A Genealogy of Nihilism," in: D. Sloan(ed.), *Towards the Recovery of Wholeness: Knowledge, Education and Human Values*, New York: Teachers College.

Dunn, R., and S. Griggs (1988), *Learning Styles: Quiet Revolution in American Secondary Schools*, Virginia: NASSP.

Durkheim, E. (1951), Suicide, George Simpson (ed.), Glencoe, IL: Free Press.

——(1956), *Education and Sociology*, Glencoe, IL: Free Press.

Elliot, J. (1991), *Action Research for Educational Change*, Philadelphia: Open University Press.

Erikson, E. (1968), *Identity, Youth and Crisis*, London: Norton.

Etzioni, A. (1994), *The Spirit of Community: The Reinvention of American Society*, New York: Touchstone.

Feurverger, G. (1995), "Oasis of Peace: A Community of Moral Education in Israel," *Journal of Moral Education*, 24(2), 113–141.

——(1997), "An Educational Program for Peace: Jewish-Arab Conflict," *Theory into Practice*, 36(1), 17–25.

Freire, P., and A. Faundez (1989), *Learning to Question*, New York: Continuum.

——(1994), *Pedagogy of the Oppressed*, New York: Continuum.

Gardner, H. (1992), *Multiple Intelligences: The Theory in Practice*, New York: Basic Books.

Gillman, N. (1990), *Sacred Fragments: Recovering Theology for the Modern Jew*, New York: JPS.

Greene, M. (2002), *Variations on a Blue Guitar: The Lincoln Center Institute Lectures on Aesthetic Education*, New York: Teachers College Press, p. 65.

Greenberg, D. (1992), *The Sudbury Valley School Experience*, Framingham, MA: The Sudbury Valley School Press.

——(1998), *Reflections on the Sudbury Valley School Concept*, Framingham, MA: The Sudbury Valley School Press.

Harrington, C. (1979), *Psychological Anthropology and Education: A Delineation of a Field of Inquiry*, New York: AMS Press.

Hersh, R. H., D. R. Paolitto, and J. Reimer (1989), *Promoting Moral Growth: From Piaget to Kohlberg*, New York: Longman.

Holt, J. (1971), *Freedom and Beyond*, New York: Penguin Books.

Kohl, H. (1994), *"I Won't Learn from You" and Other Thoughts on Creative Maladjustment*, New York: The New Press.

Kozol, J. (1992), *Savage Inequalities: Children in America's Schools*, New York: Harper.

LaBoskey, V. K. (1992), "Case Investigations," in: Judith

H. Shulman(ed.), *Case Methods in Teacher Education*, New York: Teachers College Press.

Landsman, J. (2001), *A White Teacher Talks about Race*, Lanham, MD: Scarecrow Press.

Larrivee, B. (2000), "Creating Caring Learning Communities," *Contemporary Education*, 71(2), 18–21.

Lasch, C. (1984), *The Culture of Narcissism*, New York: W. W. Norton and Co.

Lerner, M. (2002), "Don't Let the Lights Go Out," A post-election op-ed about dealing with postelection depression (distributed via e-mail by magazine@tikkun.org).

Levy, S., and E. Katz (1993), *Beliefs, Observances and Social Interactions among Israeli Jews*, Jerusalem: Israel Institute of Applied Social Research.

Liebman, S. C. (1990), *Conflict and Accommodation between Jews in Israel*, Jerusalem: Keter.

McDermott, R. M., and H. Varenne(2002), "Reconstructing Culture in Educational Research,"(Unpublished paper).

Maslow, A. H. (1964), *Religions, Values and Peak Experiences*, New York: Viking Press.

——(1968), "Some Educational Implications of the Humanistic Psychologies," *Harvard Educational Review* 38.

——(1970), *Motivation and Personality*, New York: Harper.

Mead, M. (1974), "Grandparents as Educators," in: H. J. Leichter(ed.), *The Family as Educator*, New York: Teachers College Press.

Merriam, S. B. (1991), *Case Study Research in Education: A*

Qualitative Approach, San Francisco, CA: Jossey-Bass.

Neill, A. S. (1992), *The New Summerhill*, London: Penguin.

Nelson-Barber, S. (1982), "Phonologic Variations of Pima English," in: R. St. Clair and W. Leap (eds.), *Language Renewal among American Indian Tribes: Issues, Problems and Prospects*, Rosslyn, VA: National Clearinghouse for Bilingual Education.

Noddings, N. (1992), *The Challenge to Care in Schools: An Alternative Approach to Education*, New York: Teachers College Press.

Olsen, L., and M. Chen (1987), *Crossing the Schoolhouse Border: Immigrant Students and California Public Schools*, San Francisco, CA: California Tomorrow.

Pang, V., J. Rivera, and J. Mora (1999), "The Ethic of Caring: Clarifying the Foundation of Multicultural Education," *The Educational Forum*, 64(1), 25-32.

Pearce, P. L. (1982), "Tourists and Their Hosts: Some Social and Psychological Effects of Intercultural Contact," in: S. Bochner (ed.), *Cultures in Contact: Studies in Cross-Cultural Interaction*, Oxford: Pergamon.

Peck, M. S. (1897), *The Different Drum: Community Making and Peace*, New York: Simon and Schuster.

Pedalino-Porter, R. (1998), "Why Even Latino Parents Are Rejecting a Program Designed for Their Children's Benefit," *The Atlantic Monthly*, May 1998.

Pedersen, P. (1994), *A Handbook for Developing Multicultural Awareness*, 2nd edition, Alexandria, VA: ACA.

Power, C., A. Higgins, and L. Kohlberg (1989), *Lawrence*

Kohlberg's Approach to Moral Education, New York: Columbia University Press.

Rogers, C. (1961), *On Becoming a Person*, Boston: Houghton.

Rudduck, J. (1998), "Changing the World of the Classroom by Understanding It: A Review of Some Aspects of the Work of Lawrence Stenhouse," *Journal of Curriculum and Supervision*, 4(1), 30–42.

Sagan, E. (1988), *Freud, Women and Morality*, New York: Basic Books.

Sarason, S. B. (1996), *Revisiting "The Culture of the School and the Problem of Change,"* New York: Teachers College Press.

Sergiovanni, T. J. (2000), *Leadership for the Schoolhouse: How Is It Different? Why Is It Important?*, San Francisco, CA: Jossey-Bass.

Sleeter, C. E., and C. A. Grant(1988), *Making Choices for Multicultural Education: Five Approaches to Race, Class and Gender*, Columbus, OH: Merrill Publishing Company.

Sparks, D. (2004), "From Hunger Aid to School Reform—An Interview with Jerry Sternin," *Journal of Staff Development* 25(1), 46–51.

Tatum, B. (1997), *Why Do All the Black Kids Sit Together?*, New York: Basic Books.

Taylor, C. (1992), *Multiculturalism and "The Politics of Recognition": An Essay*, with commentary by Amy Guttman(ed.), S. C. Rockefeller, M. Walzer, and S. Wolf, Princeton, NJ: Princeton University Press.

Valdivieso, R. (1990), *Demographic Trends of the Mexican-American Population: Implications for Schools*, Charleston, WV: ERIC Clearinghouse on Rural Education and Small Schools.

Willshire Carrera, J. (1989), *Educating Undocumented Children: A Review of Practices and Policies* (Trends and Issues Paper), Charleston, WV: ERIC Clearinghouse on Rural Education and Small Schools.

Wood, G. H. (1993), *Schools That Work: America's Most Innovative Public Education Programs*, New York: Penguin-Plume.

索引

Aliyah (Jewish immigration to Israel), xvii, xviii, 16, 44, 47, 54, 56, 130, 149

Arab-Jewish encounters, xxii, 1, 4 – 7, 13, 15, 16, 20 – 8, 36, 37, 38, 86, 92, 131, 136, 145

Arabic, xiii, 2, 54, 66
 Arab parents' attitude to, 30 – 1
 Israeli-Jewish attitudes to, 8, 29 – 33, 111

Arabs, citizens of Israel, 14, 19, 27, 30, 46
 Attitudes to education, 3, 14, 23, 29

Ashkenazim, 14, 15, 95, 107, 109, 114, 121, 122

Betar Jerusalem, soccer team, 70, 95

Bialik School, Tel Aviv, xii, xiii, 40 – 69, 74, 78, 85, 86, 92, 96, 97, 98, 100, 103, 120, 129, 132 – 6

"Black Panthers" (Israel), 110 – 11, 131

Christianity, xvii, xx, xxi, 16, 17, 18, 84, 131

Christmas, 16, 18

Collaborators, Palestinian, xiii, 40, 54, 149

Curricula, 12 – 14, 33, 37, 50, 53, 58, 82 – 4, 95, 102 – 5, 123 – 5, 136 – 8
 Absence of official curricula for "atypical" schools, 37, 44, 47 – 8, 145

David Yellin College of Education, xxi, 88, 149

Democratic Mizrachi Rainbow, xv

Democratic School, Arad, 121

Democratic School, Hadera, xii, xv, 12, 13, 51, 115 – 28, 129, 134 – 6

Denmark School, Jerusalem, 97, 111

Diaspora, xxii, 82, 85

Druze, 53

Elitism, 14, 15, 56, 67, 70, 76 - 7, 87, 121 - 2, 144

English language, 29 - 30, 32, 52, 67, 85, 111, 119

Experimental School, Jerusalem, 28, 89 - 90, 122

Freire, P., xxi, 25 - 6, 113, 152

Fundamentalism, 16 - 17

Haifa, 18, 120

Hanukkah, 16

Hebrew language, xiii, 2, 29 - 33, 40, 43, 52, 55, 58

Heffner, Avraham, xix

International School, Tel Aviv, 67

Intifada, xxi, 7, 22, 27, 32, 37

Islam, xx, 16, 17, 18, 84, 145

Israel Independence Day, 19, 20, 37

Jerusalem, xxi, 7, 17, 21, 22, 26, 27, 87, 109, 145

See also Katamonim neighborhood

Judaism, xx, 51, 54, 71, 80, 84, 89, 93, 126, 129

Judaism, Conservative, xx, 79, 82, 83

Judaism, Orthodox, 71, 73, 79 - 83 *passim*, 84, 93, 150

Judaism, Reconstructionist, 82

Judaism, Reform, xxi, 80, 82, 83, 92

Judaism, Secular, xi, xii, xiv, xx, 51, 71 - 93 *passim*, 107, 111, 121, 130 - 2, 148, 150, 153

Judaism, "traditional," 79 - 80, 82, 89, 91, 92, 149

Judaism, ultra-Orthodox, 71, 149

Katamonim neighborhood, Jerusalem, 70 - 93 *passim*, 95, 110 - 11, 114, 131

Kedma School, Jerusalem, xii, xiv, 51, 60, 94 - 114, 120, 127, 129, 131, 134 - 6, 150, 151

Keshet School, Jerusalem, xii, xiv, 28, 45, 70 - 93, 95, 103, 122, 129, 130 - 6, 139, 150

Kfar Edummim School, 73 - 4

Kibbutzim, 3, 78, 116, 127

Author's experiences of, xviii - xix, 3

Comparison to Neve Shalom,

2, 6

Labor Zionist movement, 51, 54, 67, 146, 155

Likud Party, 95, 131

Maslow, A. H. ,13, 26, 43, 75

Matriculation examinations, 48, 52, 56, 67, 75, 77, 100 – 1, 112, 114, 121, 152

Mediterranean enlightenment, 38

Migrant laborers, xi – xiv, 40 – 1, 44, 46, 53, 54, 59, 63, 67, 69, 96

Ministry of Education, xiv, 1 – 2, 37 – 8, 41, 47, 48, 56 – 9, 61 – 2, 84, 118, 123, 139

Mizrachim, xii, xiv, xix, 14, 15, 16, 36, 94 – 5, 96, 100 – 2, 105, 107, 108, 109, 110, 113, 114, 149, 151

See also Democratic Mizrachi Rainbow, Katamonim neighborhood, Shas Party

Multiculturalism, 56, 63, 106, 107, 110

Multicultural education, 26, 44 – 6, 48, 50, 51, 68, 73, 110, 132, 133, 139

Music, as manifestation of cultural identity, 102, 105

Myths, xi, 16 – 22, 37, 49, 74, 79, 84, 129 – 32, 133, 135,

137, 139, 145, 148

Naqba (Palestinian disaster of 1948), 2, 17, 19, 37

National Religious Party, 49 – 50

Neill, A. S. , 21, 115, 128

Neve Shalom, village, 1 – 39 *passim*, 130, 132, 134, 149, 152

Neve Shalom Peace School, 1, 21, 23 – 26, 37 – 38, 149

Neve Shalom School, xii, xiii, 1 – 39, 44 – 5, 48, 51, 72, 74, 78, 79, 92, 96, 103, 114, 116, 120, 129 – 39 *passim*

Orthodox (Christian) School, Ramle, 12, 14

Palestinians, xiii, 6, 19, 21, 24, 36, 40, 42, 130, 149

Passover (Pessach), 18, 81

Purim, 105

Ramadan, 16

Ramle, 1, 14

Repair, Ideology of, xvi, xvii, xxii, 45, 68, 71, 91, 93, 96, 99, 122, 129 – 40 *passim*, 144, 145 – 6

Shas Party, 70, 95, 149n. 7

Shinui Party, xiv, 71, 148

Sinai, 81, 117

State-religious education system, 71, 73, 82 - 4

Summerhill School, England, 51, 115, 128

Tali Bayit Vagan School, Jerusalem, 28

Tali (Enhanced Jewish Learning) Schools, 81 - 2, 91, 145

Tel Aviv, 3, 40 - 69 *passim*, 96, 110, 120, 122

Terrorism, 16, 17, 36

United States, 16, 79, 85
  Bilingualism in, 31
  Racial issues in, 95, 106, 115

Wars, Arab-Israeli, 2, 7, 17, 19, 36

Zionism, 2, 17, 48, 51, 54, 126, 129 - 32, 149n. 12

Zur Hadassah (suburban town near Jerusalem), 1, 26 - 7